❶ 지하 농장

초판 발행 • 2019년 10월 22일
초판 7쇄 발행 • 2022년 12월 26일

글 • 홍지연
그림 • 지문
발행인 • 이종원
발행처 • (주)도서출판 길벗
출판사 등록일 • 1990년 12월 24일
주소 • 서울시 마포구 월드컵로 10길 56(서교동)
대표 전화 • 02)332-0931 | **팩스** • 02)323-0586
홈페이지 • www.gilbut.co.kr | **이메일** • gilbut@gilbut.co.kr

기획 및 책임편집 • 김윤지(yunjikim@gilbut.co.kr) | **디자인** • 여동일 | **제작** • 이준호, 손일순, 이진혁
영업마케팅 • 진창섭, 강요한 | **웹마케팅** • 송예슬 | **영업관리** • 김명자 | **독자지원** • 윤정아, 최희창

교정교열 • 김혜영 | **출력·인쇄** • 예림인쇄 | **제본** • 예림바인딩

▶ 잘못된 책은 구입한 서점에서 바꿔 드립니다.
▶ 이 책은 저작권법에 따라 보호받는 저작물이므로 무단전재와 무단복제를 금합니다. 이 책의 전부 또는 일부를 이용하려면 반드시 사전에 저작권자와 ㈜도서출판 길벗의 서면 동의를 받아야 합니다.
▶ 이 도서의 국립중앙도서관 출판예정도서목록(CIP)은 서지정보유통지원시스템(http://seoji.nl.go.kr)과 국가자료종합목록 구축시스템(http://kolis-net.nl.go.kr)에서 이용하실 수 있습니다.(CIP제어번호: CIP2019039473)

ISBN 979-11-6050-944-1 74500   (길벗 도서번호 006986)
ISBN 979-11-6050-943-4 74500(세트)

ⓒ 홍지연, 지문, 2019

정가 12,000원

독자의 1초를 아껴주는 정성 길벗출판사

길벗 IT단행본, IT교육서, 교양&실용서, 경제경영서
길벗스쿨 어린이학습, 어린이어학

① 지하 농장

글 **홍지연** / 그림 **지문**

길벗

차례

1장 주니 & 거니의 지하 농장 — 007

2장 주니의 실험실 — 019

3장 황금 알 품기 — 033

4장 거대 병아리 — 047

5장 알록달록 동물 미용실 — 059

6장 사냥새의 마법 — 077

7장 무한 변신 사냥새 — 097

8장 통통 퉁퉁 탕탕 텅텅! — 109

9장 지렁이 그네와 코뿔소 미끄럼틀 — 121

10장 무지개 팝콘 기계와 문어 아저씨 — 143

11장 개미 군단의 도움 — 167

12장 사냥꾼은 누구? — 183

1장
주니 & 거니의 지하 농장

안녕?
나는 거니라고 해.

얘는 내 쌍둥이 동생 주니.
뭐? 쌍둥이 같지 않다고?
맞아. 우리는 쌍둥이지만 하나도 닮지 않았어.
전혀, 절대, 요만큼도.

여기는 동물 미용실.

여기는 개미 친구들의 파티장이야.

여기는 아기 동물들이 사는 곳이야.

여기는 주니의 실험실.
언제 어떤 식물과 발명품이 탄생할지 몰라.

여기는 내가 제일 좋아하는 게임방이야.
없는 게임이 없어.
게임을 하다가 배가 고프면,
버튼 하나만 꾹 눌러.
그러면 입안 가득 무지개 팝콘이
퐁퐁 쏟아지지!

지하 농장은 주니와 나, 사랑스러운 동물 친구와 식물 친구가 함께 사는 집이자 농장이야.

어때, 우리 지하 농장 꽤 멋지지?

주니는 새로운 식물과 각종 발명품을 만들어 내고,
나는 동물들과 함께 이 지하 농장을 운영하지.
하루가 얼마나 바쁜지 몰라.

그날도 어김없이 하루를 시작했어. 동물 친구들에게
아침 인사를 하려고 사육장으로 가는 길이었지.

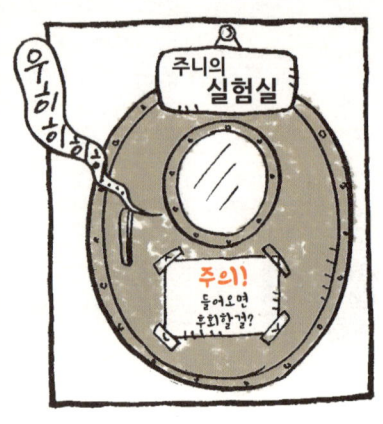

주니는 새벽부터 실험을 시작했나 봐.
아니, 밤을 꼴딱 새웠는지
실험실에서 빛이 반짝반짝 새어 나왔어.

"도대체 이 시간에 뭐 하는 거야?"
내가 주니에게 물었어.
"방방꽃을 만들고 있지."
"방방꽃? 설마 방방이 그 방방은 아니겠지?"
"맞아. 그 방방이야. 이제 방방을 타고
 땅 아래와 땅 위를 자유롭게 날아다닐 수 있어.
 좋았어! 성공이야."

"주니야, 지하에서 방방은 무슨 방방이야."
나는 말렸지만, 주니는 아랑곳하지 않았어.
그러고는 그냥 '신기방방' 버튼을
꾹 눌렀지.

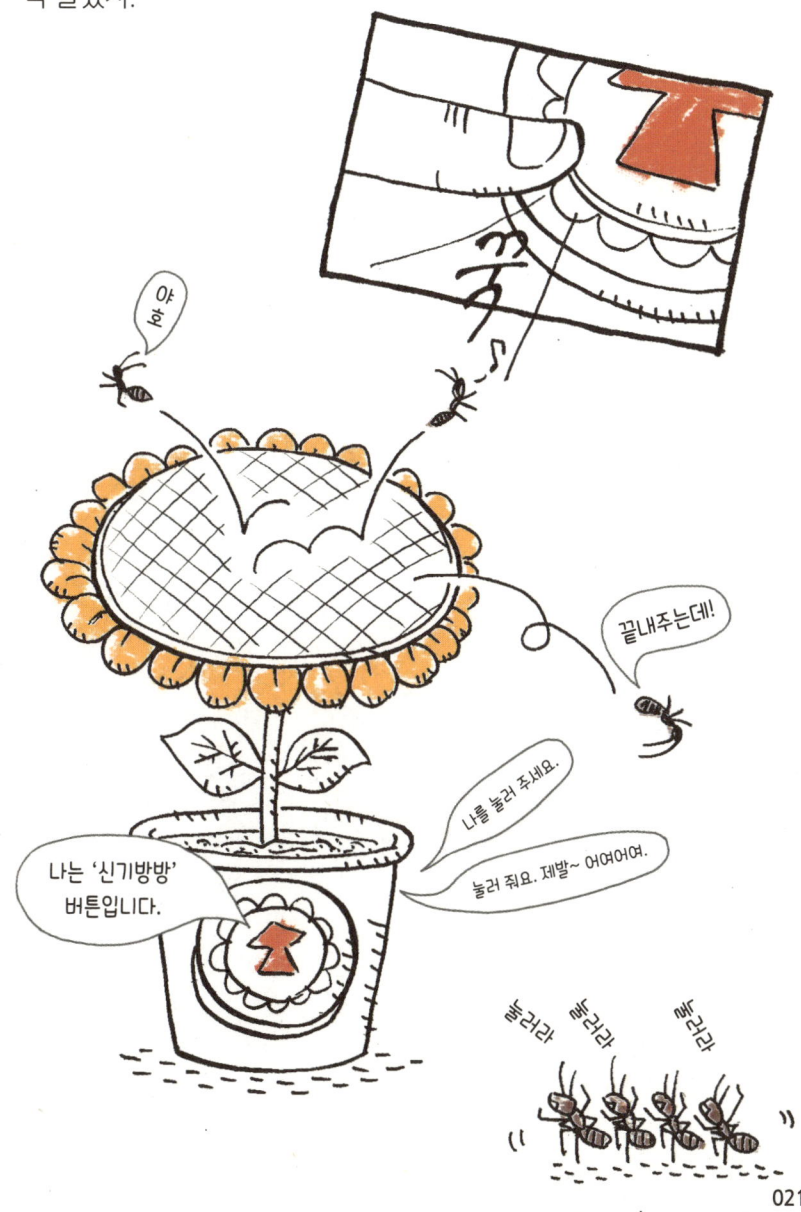

그러자 주먹만 하던 방방꽃이 식탁만 하게 커졌어.
"주니야, 안 돼! 이게 무슨 짓이야. 지하 농장이 다 망가지잖아!"
"뭐 해? 어서 올라타!"
주니는 소리치는 내 입을 틀어막고는
방방꽃 위로 날 끌어올렸어.

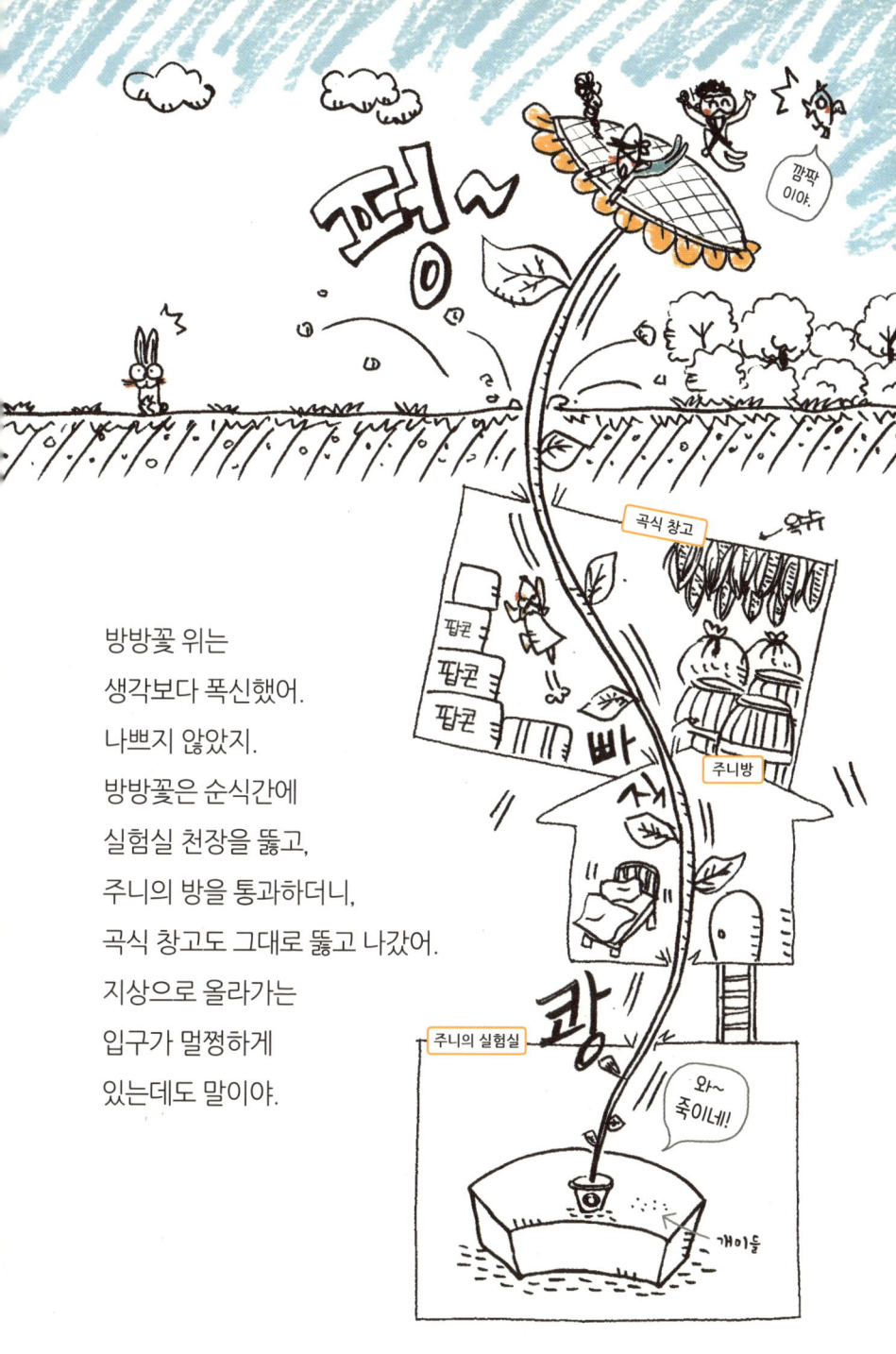

방방꽃 위는
생각보다 폭신했어.
나쁘지 않았지.
방방꽃은 순식간에
실험실 천장을 뚫고,
주니의 방을 통과하더니,
곡식 창고도 그대로 뚫고 나갔어.
지상으로 올라가는
입구가 멀쩡하게
있는데도 말이야.

"오, 땅 위로 올라왔어. 이제 잡고 있던 꽃잎에서 손을 떼!"
주니가 말했어.
"뭐? 손을 떼라고? 어, 어, 어어어."
주니는 재빨리 내 손을 꽃잎에서 떼어 버렸어.
우리는 그대로 하늘 높이 날아갔지.

못 보던 애들인데?

오예!

헉…

잠시 뒤 아래로 떨어지는가 싶더니
방방꽃이 푹신하게 우리를 받아 주었어.

다시 높이높이 날아오르나 싶더니

방방꽃이 또다시 잽싸게 우리를 받아 주었어.

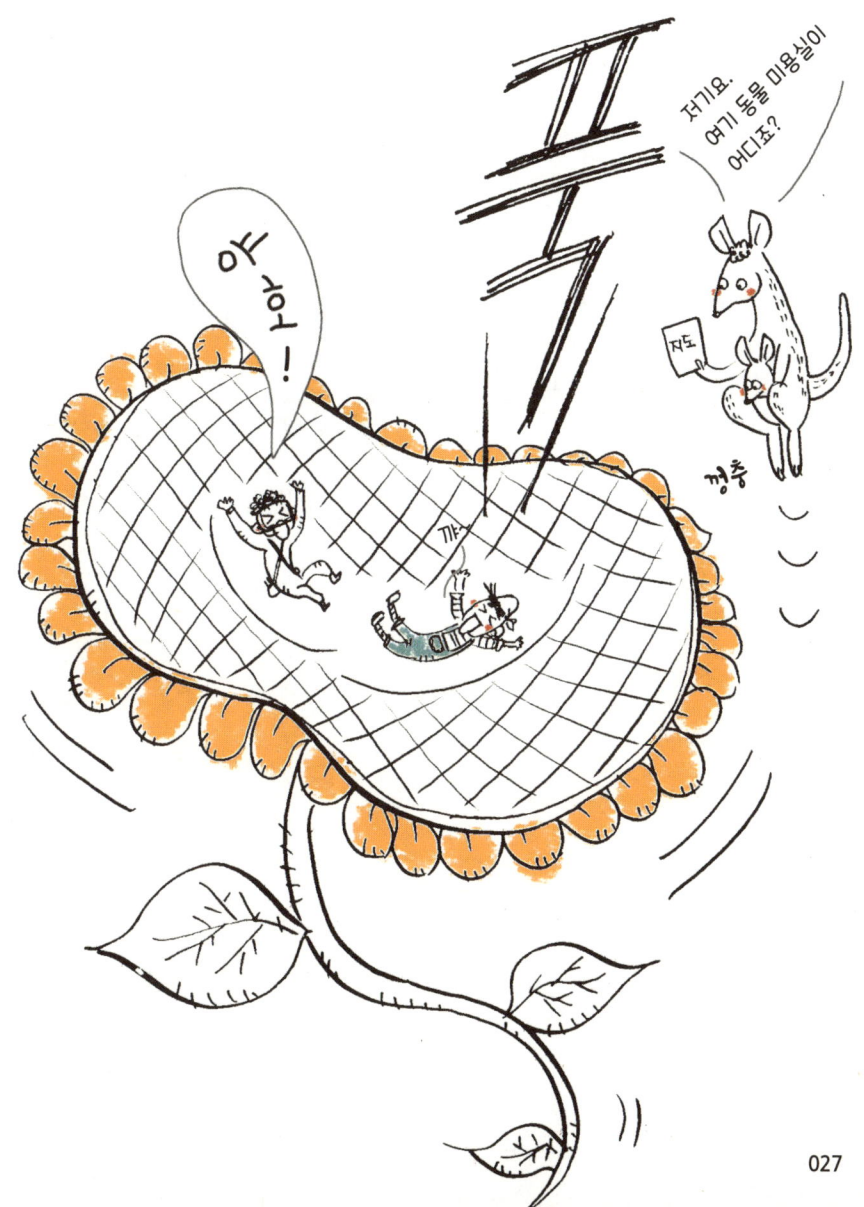

"오호, 생각보다 재밌는데?
 그런데 지하 농장으로는 어떻게 돌아가?"
내가 물었어.
"글쎄, 무슨 방법이 있겠지."
주니가 태연하게 말했어.
"뭐? 아까 '신기방방'이라는 버튼을
 누르니까 시작한 것처럼
 끝내는 버튼 뭐 그런 게
 있어야 될 거 아냐!"
나는 황당한 나머지 버럭 소리쳤어.

그건 아직 못 만들었다고.

주니가 한쪽 눈을 찡긋하며 말했어.
"내 손을 잡아.
 하나, 둘, 셋 하면 힘차게 날아서
 지하 농장 입구 쪽으로 뛰어내리는 거야. 알았지?
 하나, 둘, 셋!"
"안 돼애애애!"
나는 눈을 질끈 감았어.

미션 1 ── 미션 키워드 **이벤트**

'신기방방' 버튼을 눌러라!

방방꽃을 사용하려면 '신기방방' 버튼을 눌러야 해요.
이 버튼을 누르면 다음과 같은 일이 실행되지요.

1 주먹 크기의 방방꽃이 식탁 크기만큼 커진다.

2 줄기가 쑥쑥 자라 땅을 뚫고 위로 올라간다.

3 땅 위로 올라간 방방꽃은 물건, 사람 등을 통통 튕긴다.

컴퓨터 과학에서는 어떤 일이 발생하는 원인을 **이벤트**라고 해.
스마트폰에서 앱을 터치하면 그 앱이 실행되지?
이때 앱을 터치하는 행동을 이벤트라고 할 수 있어.
여기선 '신기방방' 버튼을 누르는 행동이 이벤트야.

화살표 버튼을 누르면 어떤 일이 일어날까요? 상상해서 써 보세요.

로켓이

로봇의 가슴에 있는 하트 버튼을 누르면 어떤 일이 일어날까요? 상상해서 써 보세요.

로봇이

3장
황금 알 품기

주니와 나는 농장 입구 근처에 그대로 고꾸라졌어.
눈알이 빙글빙글, 온몸이 후들후들….
"어? 이게 뭐지?"
주니의 눈이 휘둥그레졌어.

오, 안 돼. 주니의 눈동자가 저렇게 반짝이는 건
곧 큰 사고를 칠 거라는 뜻이야.

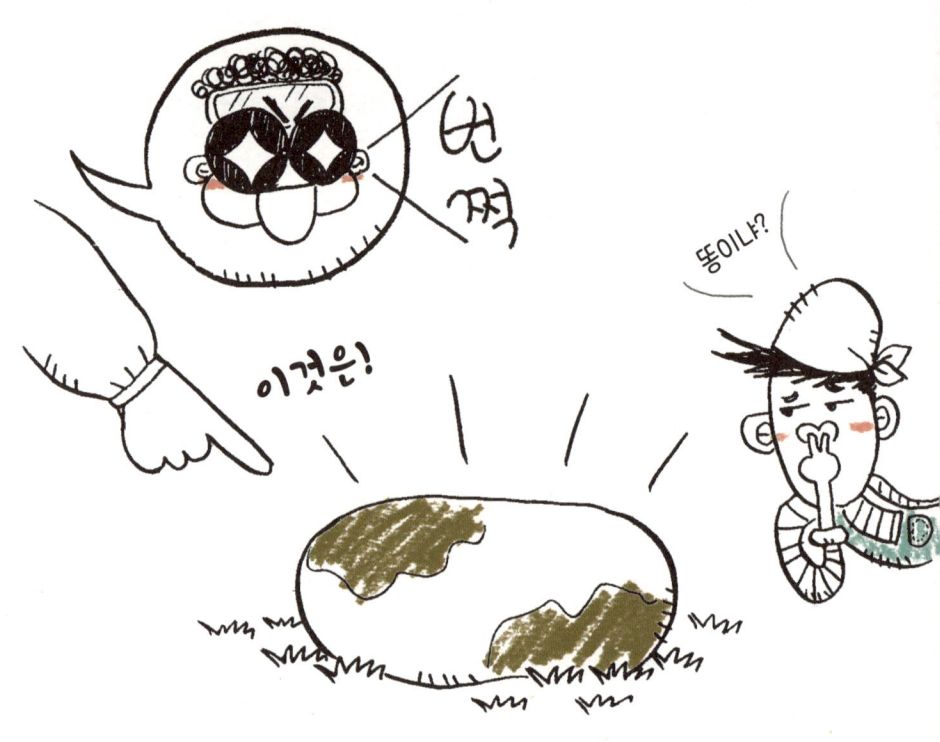

"황금 알이 농장 입구에 놓여 있네!"
"황금 알? 어딜 봐서 이게 황금 알이야?
 람포린쿠스가 누고 간 똥처럼 보이는데."
나는 손으로 코를 꽉 막고 말했어.

"그렇다면 람포린쿠스가 낳은 알인가?
 우리 이제 공룡도 키우는 거야?"

"무슨 소리야? 공룡이라니…. 그랬다간
 우리 지하 농장이 순식간에 망가지고 말 거야!"
하지만 소용없었어. 주니가 황금 알,
아니 람포린쿠스가 누고 간
똥처럼 보이는 누런 알을 이미
지하 농장으로 내려보냈거든.

"같이 가, 주니야."
황금 알을 따라 쏜살같이 사라진
주니를 뒤쫓아 나도 지하 농장으로 내려갔지.
통, 통, 통, 통!

람포린쿠스가 누고 간 똥처럼 보이는
누런 알은 알려 주지도 않았는데,
혼자 통통거리며
동물 사육장까지 굴러갔어.

"오호, 이것 참 신기한 녀석인데?
 자기가 있어야 할 자리를 아나 봐."
주니는 아까보다 한층 더 반짝이는 눈을 둥그렇게 뜨고는
황금 알, 아니 람포린쿠스가 누고 간 똥처럼 보이는 누런 알을
뚫어져라 바라보았어.

맙소사! 주니가 드디어 정신이 나갔나 봐. 황금 알, 아니 람포린쿠스가 누고 간 똥처럼 보이는 누런 알을 끌어안지 뭐야!

"뭐 하는 거야?"
"새끼 람포린쿠스가 알에서 나오면 내가 엄마인 줄 알 거 아냐. 그럼 난 이 람포린쿠스를 타고 어디든 갈 수 있을 거고. 더 이상 이 좁은 지하 농장에서 살 필요가 없다는 말이지!"
이미 황금 알,
아니 람포린쿠스가 누고 간
똥처럼 보이는 누런 알과 한 몸이 되어 버린
주니를 보니 어이가 없었어.
"마음대로 해!"
그길로 나는 내 방으로 와 버렸어.

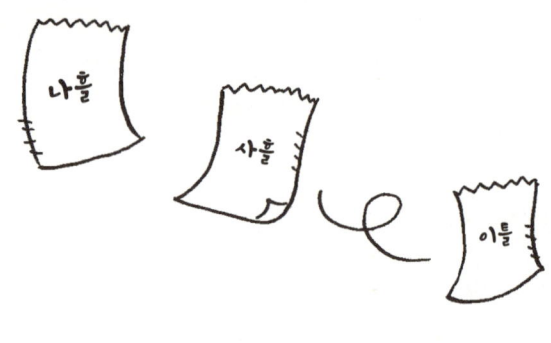

하루, 이틀…. 주니는 점점 말라 갔어.
온몸의 뼈가 다 드러날 정도로 심각해졌지.
"그만해. 그러다 그 황금 알,
 아니 람포린쿠스가 누고 간 똥처럼 보이는
 누런 알에 달라붙어 화석이 돼 버리겠어."
"안 돼! 이 알을 부화해야 한다고."

너 그러다 큰일 날지도 몰라….

"저번에 네가 만든 킹왕짱 알 부화기는
뒀다가 언제 쓰려고 그래?
이럴 때 사용하려고 만든 거 아냐?"

"뭐야! 진작 말해 줬어야지."
주니는 언제 그랬느냐는 듯이 황금 알, 아니 람포린쿠스가
누고 간 똥처럼 보이는 누런 알에서 떨어져 나왔어.
우리는 힘을 합쳐서 킹왕짱 알 부화기 속에 황금 알을 넣었어.

'키우기' 버튼을 누르자,
킹왕짱 알 부화기가 작동하기 시작했어.

킹왕짱 알 부화기는
황금 알이 다치지 않게
밑에 폭신한 이불을 깔았어.

그러고는 간지러운 음악을
들려주었지.
평소였다면 절대로
듣지 않을 그런
음악을 말이야.

음악이 끝나자
따뜻한 열을 가하더니,
황금 알이
촉촉하게 젖도록
충분히 물을 뿌렸어.

30분쯤 뒤 킹왕짱 알 부화기는 폭신한 이불을
살살 움직여 황금 알의 위치를 바꾸었어.
알 전체에 열기가 골고루 가 닿도록 말이야!

"뭐야, 주니 넌 이렇게 훌륭한 기계를 발명해 놓고도
　직접 알을 품고 있었단 말이야?"
"새로운 걸 발명하면 그전에 발명한 건 자꾸
　잊어버리거든. 됐어. 이제 며칠 내로
　새끼 람포린쿠스가 태어날 거야!"

미션 2

미션 키워드 **순차**

킹왕짱 알 부화기를 사용하라!

'킹왕짱 알 부화기'는 어떤 알이든 부화하게 해요.
알이 부화하는 순서를 한번 알아볼까요?

1. 폭신한 이불 깔기
2. 이불 위에 알 놓기
3. 조용한 음악 틀기
4. 따뜻한 열 가하기
5. 촉촉한 물 뿌리기
6. 30분 기다리기
7. 알 위치 바꾸기
8. 부화할 때까지 5~7번 과정 반복하기

'킹왕짱 알 부화기'처럼 순서대로 동작하거나 연산을 실행하는 구조를 순차 구조라고 해. 순차 구조는 알고리즘이나 프로그램을 작성하는 가장 기본적인 구조지.
여기선 알을 부화하기 위해 킹왕짱 알 부화기가 순서대로 동작하는 것이 순차 구조에 해당해.

뭘 그리 어렵게 말해?
한 마디로 "컴퓨터에게 어떤 일을 시키려면 순서대로 명령을 내려라!" 이 말 아냐?
내가 '킹왕짱 알 부화기'에 명령을 입력한 것처럼 말이야.

4장
거대 병아리

우리는 곧장 게임방으로 갔어.
컴퓨터 게임을 하는 방이냐고? 아니, 그런 게임과는 조금 달라.
우리 게임방에선 무엇이든 게임이 될 수 있어.

그뿐이 아니야. 배고플 때도 게임방이 최고야!
게임 의자에 앉아서 입만 쩌억 벌리고 있으면 되거든.
입안 가득 퐁퐁 터지는 무지개 팝콘의 맛은…
뭐라고 표현할까?
아니, 표현할 수가 없어.
입속에 들어가자마자 사르르
녹아 버리거든.

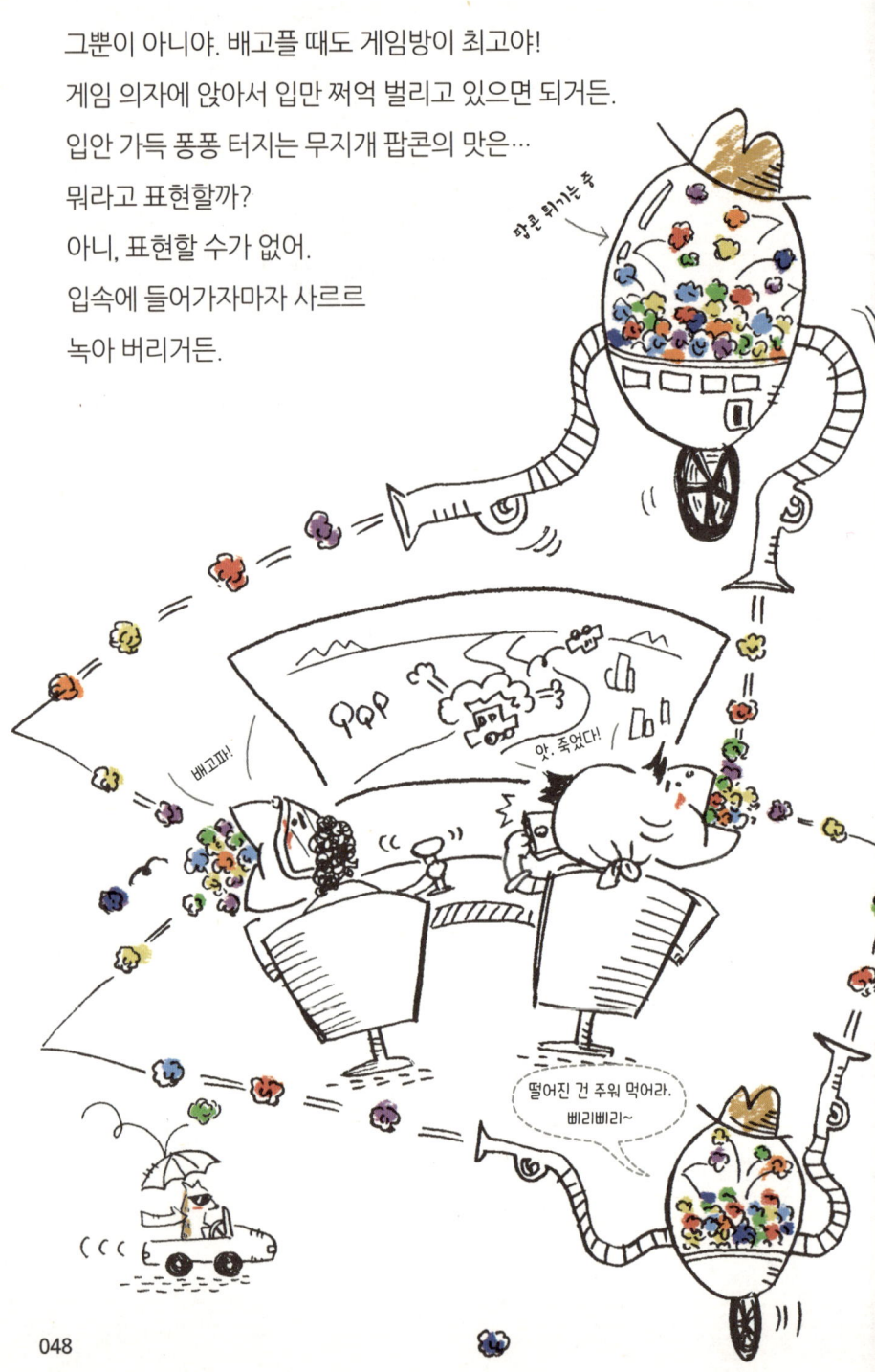

오늘 게임방의 추천 게임은 '쇠똥구리 볼링'이야.

주니는 왕쇠똥구리를,
나는 애기뿔쇠똥구리를 각각 선수로 선택했어.
왕쇠똥구리는 조금 느리지만,
똥이 워낙 커서
한 번에 많이 굴러가.
애기뿔쇠똥구리는 작지만,
그만큼 재빠른 녀석이지.

"자, 그럼 내가 먼저 한다. 출발!"
주니가 왕쇠똥구리를 내보냈어. 그런데 이리 비틀 저리 비틀.
이런, 간밤에 똥을 너무 크게 만들었나 봐.
게다가 냄새는 또 얼마나 지독한지!
넘어트려야 할 볼링 핀은 건드리지도 못하고
게임방만 온통 똥 냄새로 가득 차 버렸어.

"하나만 쓰러트리면 이겨!
잘 부탁한다,
애기뿔쇠똥구리야! 얍!"
똥을 어찌나 열심히 굴리는지!
역시 애기뿔쇠똥구리를
선택하길 잘했어.

아… 이 일을 어쩌면 좋아.
애기뿔쇠똥구리에게는 볼링 핀이
너무 컸지 뭐야. 게임은 게임방에
똥 냄새만 가득 남긴 채
시시하게 끝나 버렸어.

"이 추천 게임은 다시는 하지 않는 걸로!
그나저나 지금쯤 새끼 람포린쿠스가 알에서 나왔을지도 몰라."
주니는 잠깐 잊고 있던 람포린쿠스가 누고 간
똥처럼 보이는 누런 알을 떠올렸어.
우리는 재빠르게 킹왕짱 알 부화기가 있는
동물 사육장으로 달려갔어.

"뭐야, 아직 안 깨어났네."
"정말 킹왕짱 알 부화기 맞아? 고장 난 게 아닐까?"
"음… 달걀로 테스트를 해 봐야겠어."

주니는 달걀 10개를
킹왕짱 알 부화기에 넣었어.
"뭐 하는 거야? 한꺼번에 달걀을
10개나 넣으면 어떡해?"
"걱정하지 마.
이 '키우기' 버튼을 먼저 누르고,
'반복' 버튼을 누른 다음에
숫자 10을 누르기만 하면 되니까."
주니는 말릴 틈도 없이
버튼을 차례대로 눌렀어.

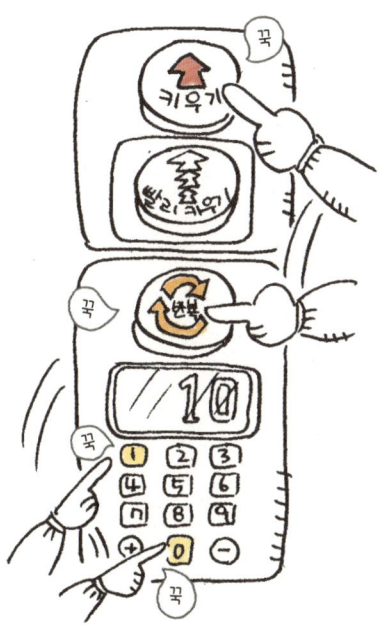

맙소사, 정말로 달걀이 부화하잖아!
하나둘 달걀에 금이 가더니 병아리가 1마리, 2마리, 3마리….
10마리가 모두 킹왕짱 알 부화기에서 튀어나왔어.
"음… 킹왕짱 알 부화기에는 이상이 없는데.
 저 람포린쿠스가 누고 간 똥처럼 보이는 누런 알은 왜
 꿈쩍도 안 하는 거지? 성능을 좀 더 세게 올려야겠는걸."

주니는 달걀 한 개를 킹왕짱 알 부화기에 다시 넣더니,
'빨리 키우기' 버튼을 눌렀어.

"자, 이제 기다려 볼까?"
람포린쿠스가 누고 간
똥처럼 보이는 누런 알은 역시나 꼼짝도 하지 않았어.
하지만 달걀은 점점 더 커지더니…
부화기를 뚫고 밖으로 나와 버렸어.
오 마이 갓! 저, 저건 거대 병아리!
말도 안 돼. 엄마 닭보다, 아니
타조보다도 더 큰 거대 병아리라니!

"주니야, 이게 어떻게 된 거야? 병아리가 엄청나게 커졌어!"
"흠, 내가 만들었지만 좀 멋진걸!
빨리 키우랬더니
알 속에서 엄청나게 커져서 나오는군.
람포린쿠스가 누고 간
똥처럼 보이는 누런 알도
이렇게 되면 좋겠다!"

"그게 무슨 말이야.
이러다간 거대 동물들로
지하 농장이 모두 망가지고 말 거라고!
일단 저 거대 병아리부터 어떻게 해 봐!"

미션 3

미션 키워드 **반복**

달걀 여러 개를 손쉽게 부화하라!

'킹왕짱 알 부화기'를 사용하면 달걀 여러 개를 손쉽게 부화할 수 있어요.
'키우기 버튼'을 한 번 누를 때마다 달걀 1개가 부화하지요.
'키우기 버튼 누르기'처럼 여러 번 반복해야 하는 일을
간편하게 처리하는 방법을 알아볼까요?

 키우기 버튼 누르기
 키우기 버튼 누르기
 키우기 버튼 누르기
 키우기 버튼 누르기
 키우기 버튼 누르기
 키우기 버튼 누르기
 키우기 버튼 누르기
 키우기 버튼 누르기
 키우기 버튼 누르기
 키우기 버튼 누르기

 키우기 버튼 누르기
 반복 버튼 누르기
 숫자(반복할 횟수) 버튼 누르기

달걀 10개를 부화하려면 **키우기** 버튼을 10번 눌러야 해요.

반복 버튼을 활용하면 버튼 3개를 1번씩만 누르면 돼요.

같은 명령을 여러 번 내릴 때는 **반복**을 활용하면 편리해.

으, 난 같은 일을 반복하는 건 딱 질색이야.
재미없잖아! 반복 구조로 명령을 내릴 때는
반복하는 횟수를 지정할 수도 있고,
어떤 조건을 만족할 때까지 반복할 수도 있고,
끝없이 반복할 수도 있어.

5장
알록달록 동물 미용실

거대 병아리는 힘이 어찌나 센지
동물 사육장을 엉망진창으로 만들어 버렸어.

"주니야, 어떻게 좀 하라니깐!"
"음… 엄마 닭이 어디 있지?
우리가 할 수 있는 건 없는데."

"엄마 닭? 지금 이 시간이면…
동물 미용실에 있을 거야! 머리하는 날이거든."
"그래? 그럼 거대 병아리를 그리로 데리고 가자!"

우리는 병아리가 좋아하는 모이를 온몸에 뒤집어썼어.

그랬더니 거대 병아리가 모이를 쪼아 먹으려고
이쪽으로 달려오지 않겠어?
우리는 냅다 뛰었어. 동물 미용실로 말이야.

"저기 엄마 닭이다!"
예상대로 엄마 닭은 미용실 의자에 앉아 있었어.
염색을 하고 있었는지, 볏과 꽁지에 뭔가를 잔뜩 바르고 있었지.

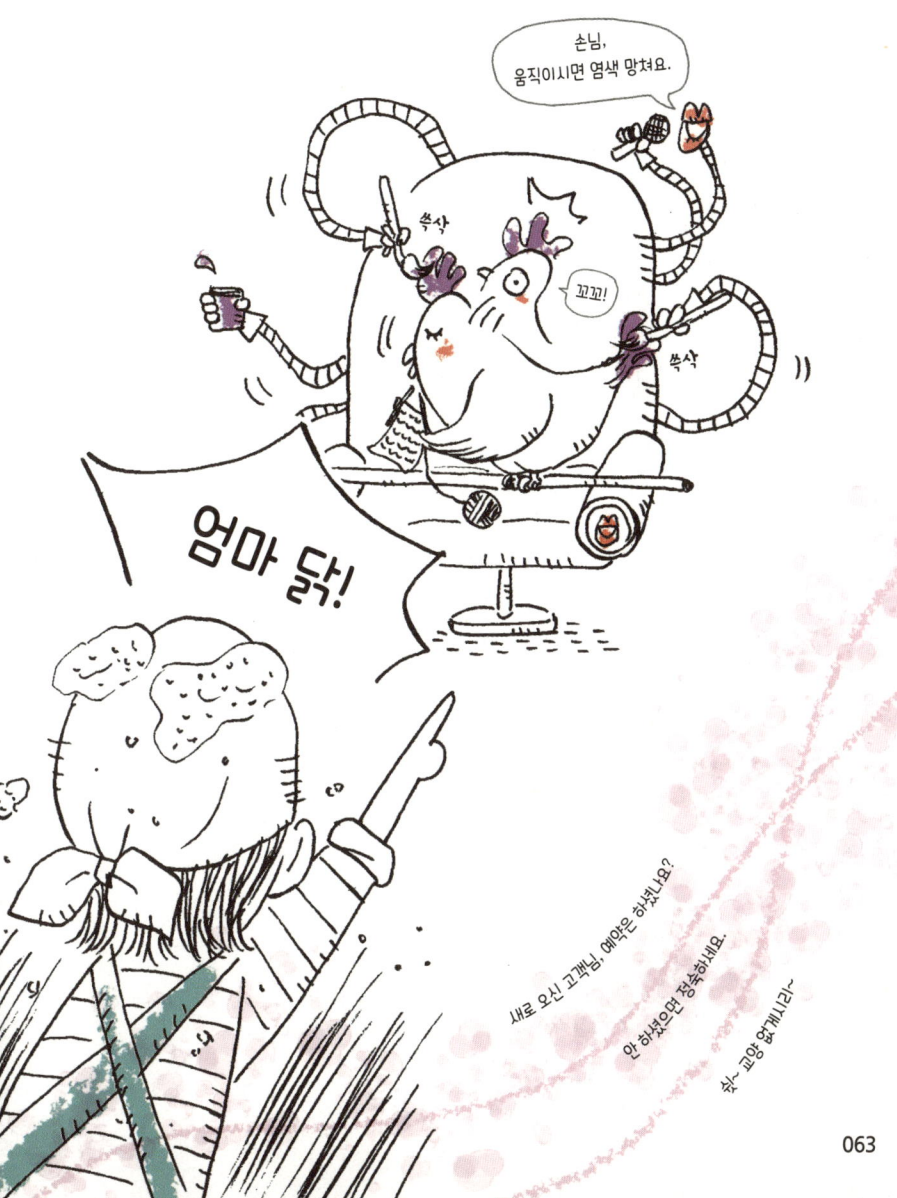

"거대 병아리가 이리로 오고 있어!"
우리는 다급하게 엄마 닭에게 소리쳤지.

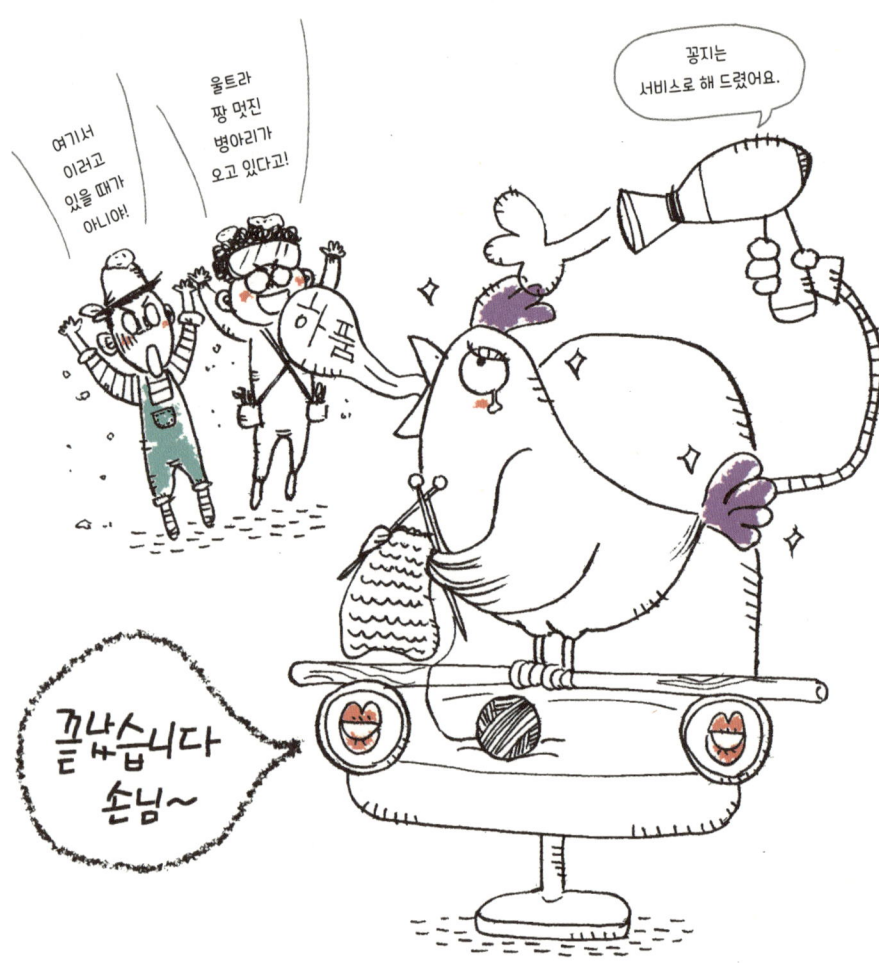

"그래요? 잘되었군요.
 안 그래도 잘 태어났는지 보려고 했는데."
"잘 태어나긴 했는데. 아니, 그게 아니고…."

그때였어.
거대 병아리가
미용실 문을 발로 차 부수고
안으로 들어섰어.
그러고는 우리 쪽으로
다가왔어.

막 우리를 쪼려는 순간,
엄마 닭과 거대 병아리의
눈이 딱 마주쳤지.

아무리 거대 병아리라도 어쩔 수 없나 봐.
엄마 앞에선 그냥 귀여운 아기지 뭐야.
엄마 닭보다 훨씬 덩치가 크긴 하지만.

"후유, 다행이다. 거대 병아리 문제는 해결됐군.
 이왕 여기까지 왔으니
 우리도 머리나 해 볼까?"
주니가 모이를 털며 말했어.

"넌 지금 이 상황에서 머리할 생각이 드냐?"
"지금 이 상황? 지금 이 상황이 어떤데?
 머리하고 싶은 상황?"

주니는 미용실 의자에 털썩 주저앉았어.
그러자 의자가 말을 시작했어.
미용실 의자가 말하기 시작했다는 게
무슨 말이냐고?
잘 들어 봐, 그럼 이해할 수 있을 테니까.

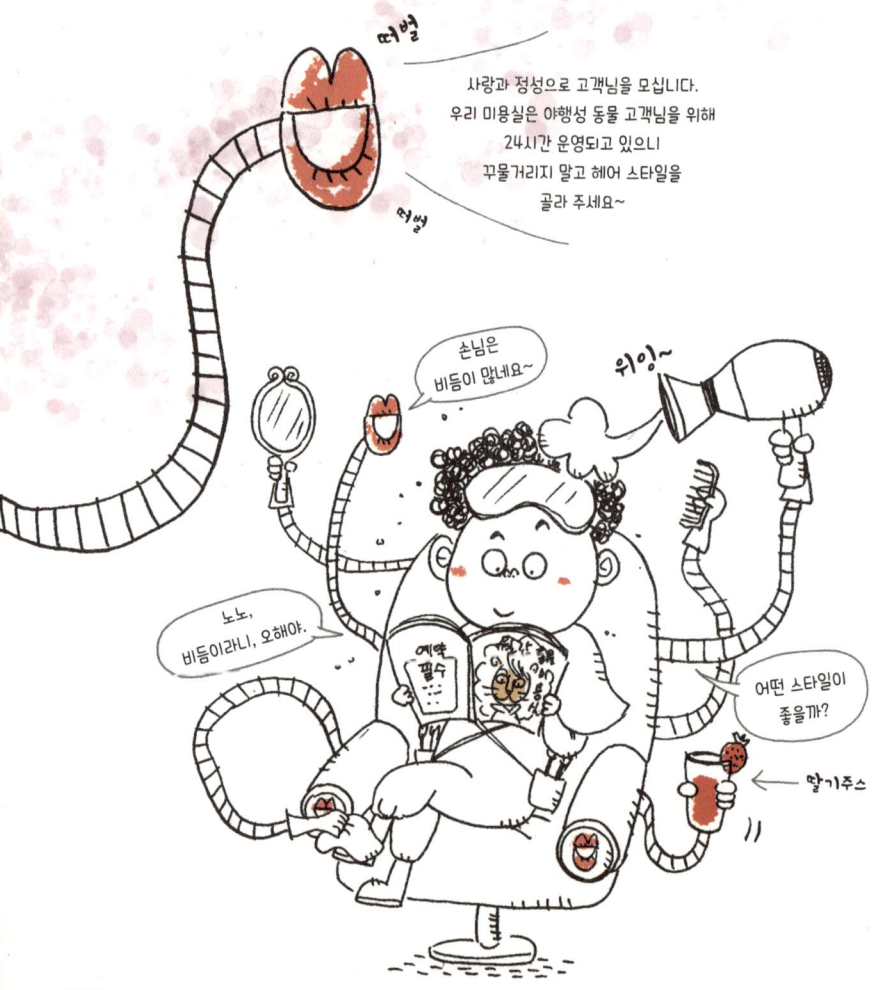

"어떤 것을 원하시나요?
오늘 가장 핫한 선택은 염색입니다.
염색을 원하시면 가만히 있으시고,
염색을 원하지 않으시면
지금 당장 이곳을 폭파해 주세요!"

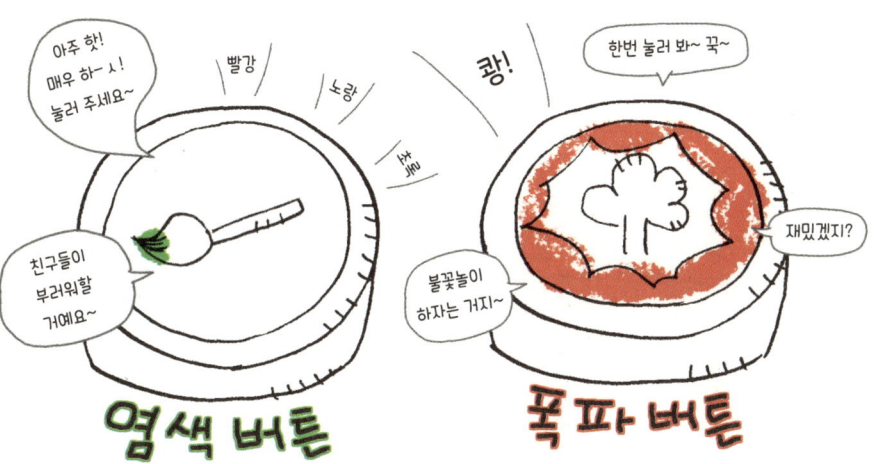

내가 재빨리 염색 버튼을 누르자,
의자에서 6개의 손이 쑤욱 나오더니
주니의 머리를 만지기 시작했어.

"자, 염색을 선택하셨습니다.
우리 알록달록 동물 미용실에서는
4가지 색만으로 전체 머리 색을 완벽하게 바꿀 수 있습니다.
원하는 색깔 4가지를 선택해 주세요."

"흠… 내가 좋아하는
파란색, 분홍색, 갈색 그리고… 노란색?"
"파란색, 분홍색, 갈색 그리고 노란색을 선택하셨습니다.
그럼 지금부터 염색을 시작하겠습니다."

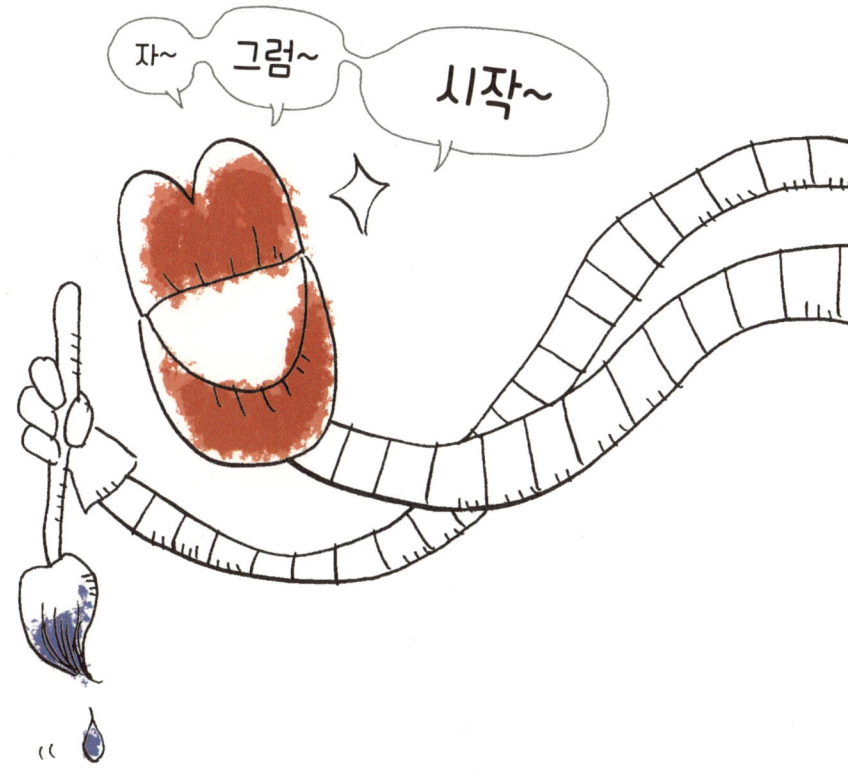

6개의 손이 눈에 보이지도 않을 만큼 빠른 속도로
주니의 머리카락 주위를 왔다 갔다 했어.
파란색, **분홍색**, **갈색** 그리고 **노란색** 염색약이 묻은 붓을 든
4개의 손이 어찌나 재빠른지 정신이 하나도 없었지.

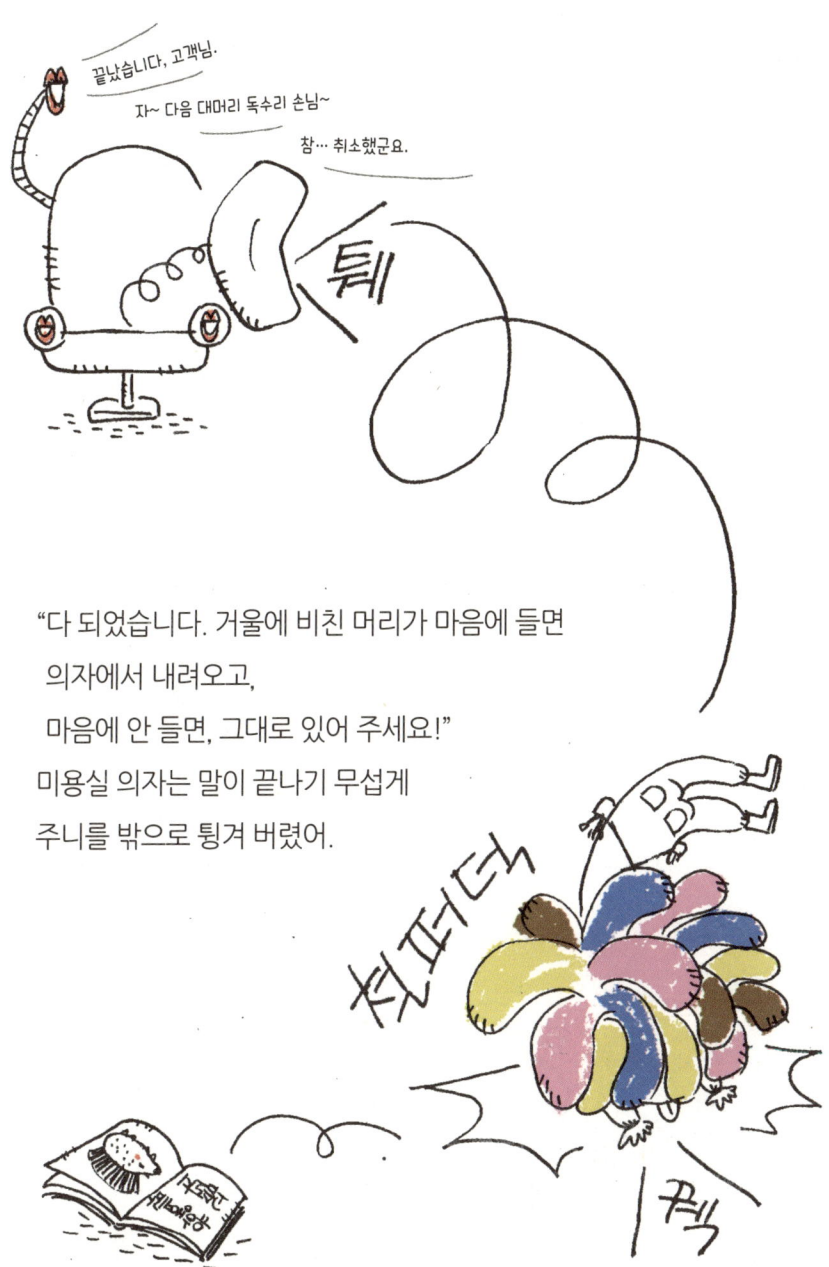

"다 되었습니다. 거울에 비친 머리가 마음에 들면
 의자에서 내려오고,
 마음에 안 들면, 그대로 있어 주세요!"
미용실 의자는 말이 끝나기 무섭게
주니를 밖으로 팅겨 버렸어.

"생각보다 괜찮은데! 마음에 들어."
주니는 거울에 비친 자기 얼굴을 보며 말했어.
머리카락이 파란색, 분홍색, 갈색 그리고 노란색으로
빼곡하게 물든 주니의 모습은…
그냥 공작 같았어.
뭐,
본인이 마음에 든다니,
어쩌겠어?

미션 4

미션 키워드 **4색 알고리즘**

주니의 머리카락을 4가지 색으로 염색하라!

주니의 머리카락을 먼저 여러 부분으로 나누어요.
이때 맞닿는 부분은 서로 다른 색깔로 칠해야 해요.
4가지 색깔을 골고루 써서 염색을 완성해 보세요.

예시 | 1단계 표시해 둔 색깔로 칠하기

2단계 원하는 색깔로 칠하기 | 3단계 영역을 나누고 원하는 색깔로 칠하기

먼저 첫 번째 색깔로 서로 맞닿지 않는 부분을 모두 색칠해.
그런 다음 두 번째 색깔을 첫 번째 색깔을 칠한 것과
같은 방법으로 색칠해. 세 번째, 네 번째 색깔도
같은 방법으로 색칠하면 완성!

평면을 유한 개의 부분으로 나누어 각 부분에
색을 칠할 때, 서로 맞닿은 부분을 다른 색으로
칠한다면 4가지 색만으로 충분하다는 것을
'4색 정리'라고 해. 그리고
이렇게 4가지 색깔로 색칠하는 방법을
4색 알고리즘이라고 해.

6장
사냥새의 마법

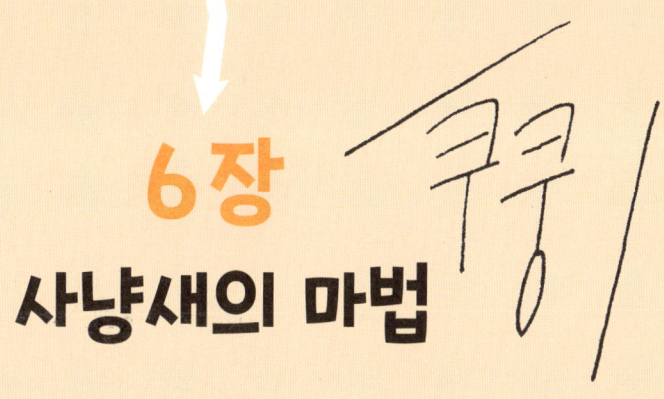

그때였어.

"쿠쿵!"

"이게 무슨 소리지?"

공작의 깃털 같은 머리카락을 펄럭이며 주니가 말했어.

"동물 사육장 쪽에서 나는 소리 같은데?
혹시… 람포린쿠스가 누고 간 똥처럼 보이는 누런 알!
그 알이 부화한 게 아닐까?"

내 말이 채 끝나기도 전에
주니는 깃털, 그중에서도 화려한 공작 깃털 같은
머리카락을 휘날리며 달려가 버렸어.
킁킁, 이런….
머리카락이 휘날리니… 염색약 냄새도 덩달아 휘날리는군.
이 냄새만 따라가면 주니를 놓칠 일은 없겠어.

"저건 도대체 뭐야?"
동물 사육장 앞에서 멈춰 선 주니의 머리카락은
마치 번개를 맞은 것처럼 사방으로
쭉쭉 뻗쳐 있었어.

"헉, 헉, 왜?
 새끼 람포린쿠스가 태어난 게 아… 아니구나!"
나는 숨을 헐떡이며 말했어.
"얼굴은 **사냥개**인데,
 몸에 **날개**가 달려 있어. 그렇다면 사냥…새?
 말도 안 돼애애! **사냥새**라니!
 뭔가 잘못된 게 틀림없어!"

이제 막 알에서 나온 사냥개…
아니, 아니, 사냥새는 날개를 꿈틀거리며
날 준비를 하고 있었지.

"우, 우리가 충분히 키울 수 있을 거야.
할 수 있지, 거니?
동물 사육은 네 일이잖아."
"사냥개… 아니 사냥새를 키워 본 적은
한 번도 없다고!"
"우리에겐 지금 선택의 여지가 없어. 얼른 가 봐!"

"사냥개, 아니 사냥새야, 반가워.
여기는 지하 농장이야. 보다시피 농장은 농장인데,
땅속에 있지. 네가 태어난 곳이기도 해. 그러니까… 무슨 말이냐면
우린 이제 한 가족이나 다름없다는 말이야."

맙소사, 나는
무슨 말을 하는지도 모른 채
그냥 나오는 대로
횡설수설해 버렸어.
사냥새는 알아듣는지
못 알아듣는지, 나를 빤히 바라보며
계속 날개만 꿈틀거렸어.

"네 말을 알아듣나 봐. 좀 더 얘기해 봐, 거니야!"
주니의 재촉에 내가 다시 말을 이으려고 할 때였어.
"음, 그러니까…, 어디 가는 거야?"

사냥새는 어느새 날개를 활짝 펴더니
동물 사육장을 빙빙 돌다가 휙 빠져나갔어.
주니와 나는 깜짝 놀라서 뒤따라갔지.

"장미 정원 쪽으로 간다.
 거기는 왜 가는 거지? 먹을 것도 없는데….”
"무슨 상관이야! 지금 우리는 엄청난 것을 구경하는 거라고!
 사냥새라니… 정말 상상도 못 했어!
 다음 실험 주제로 삼으면 재미있겠는걸!”

"주니야, 정신 차려. 우리는 지금 게임을 하는 게 아니라고!
생각해 보면 그 알이 우리 지하 농장 입구에 있었던 것도 이상해.
누가 일부러 가져다 놓은 거면 어떡해?"
"거니 넌 이럴 때만 상상력이 풍부하더라.
그게 무슨 말도 안 되는 소리야?
누가 우리 지하 농장을 노리기라도 한다는 말이야?"

"그래. 저길 봐! 저 사냥새는 보통 새가 아니야.
가는 곳마다 마법을 걸어 엉망으로 만들고 있어.
내 장미 정원이 뒤죽박죽되고 있다고!"

정말로 그랬어.
하루에 한 번 정해진 시간에
물이 나오는 스프링클러는
제멋대로 작동했고,

잡초 제거기는 잡초가 아니라
장미꽃을 싹둑싹둑
잘라 버렸어.

그뿐만이 아니야! 어디서 들어왔는지,
수많은 깍지벌레들이
장미꽃들을 괴롭히고 있었어.

주니의 말에 나는 얼른 스프링클러의 **전원**을 껐어.
제멋대로 물을 뿜던 스프링클러가 즉시 작동을 멈췄지.

"자, 전원 버튼을 눌러서 스프링클러를
다시 켜. 그런 다음 **초기화 버튼**을
누르고, 하루에 한 번 물을 뿌리도록
예약 시간을 설정한 뒤에
시작 버튼을 누르면! 됐어.
다 고쳤어."

"좋아, 그럼 나는 잡초 제거기를 맡을게.
잡초 제거기도 **전원**부터 끄고,
장미가 아닌 잡초를 자르도록… **다시 설정**하면,
이것도 끝! 이제 뭐가 남았지?"

"깍지벌레! 으, 거니야! 나는 저건 못해.
난 벌레가 질색이야!"

"깍지벌레가 무척 싫어하는 곤충이 있지,
 무당벌레와 잠자리의 도움이 필요해."
나는 품속에 있던 피리를 꺼내 불었어.
텃밭에 사는 곤충들이
제일 좋아하는 곡으로 말이야.

장미 정원으로
무당벌레와 잠자리, 나비, 개미가 줄지어 하나둘 들어왔어.
음, 모두 다 올 필요는 없는데.

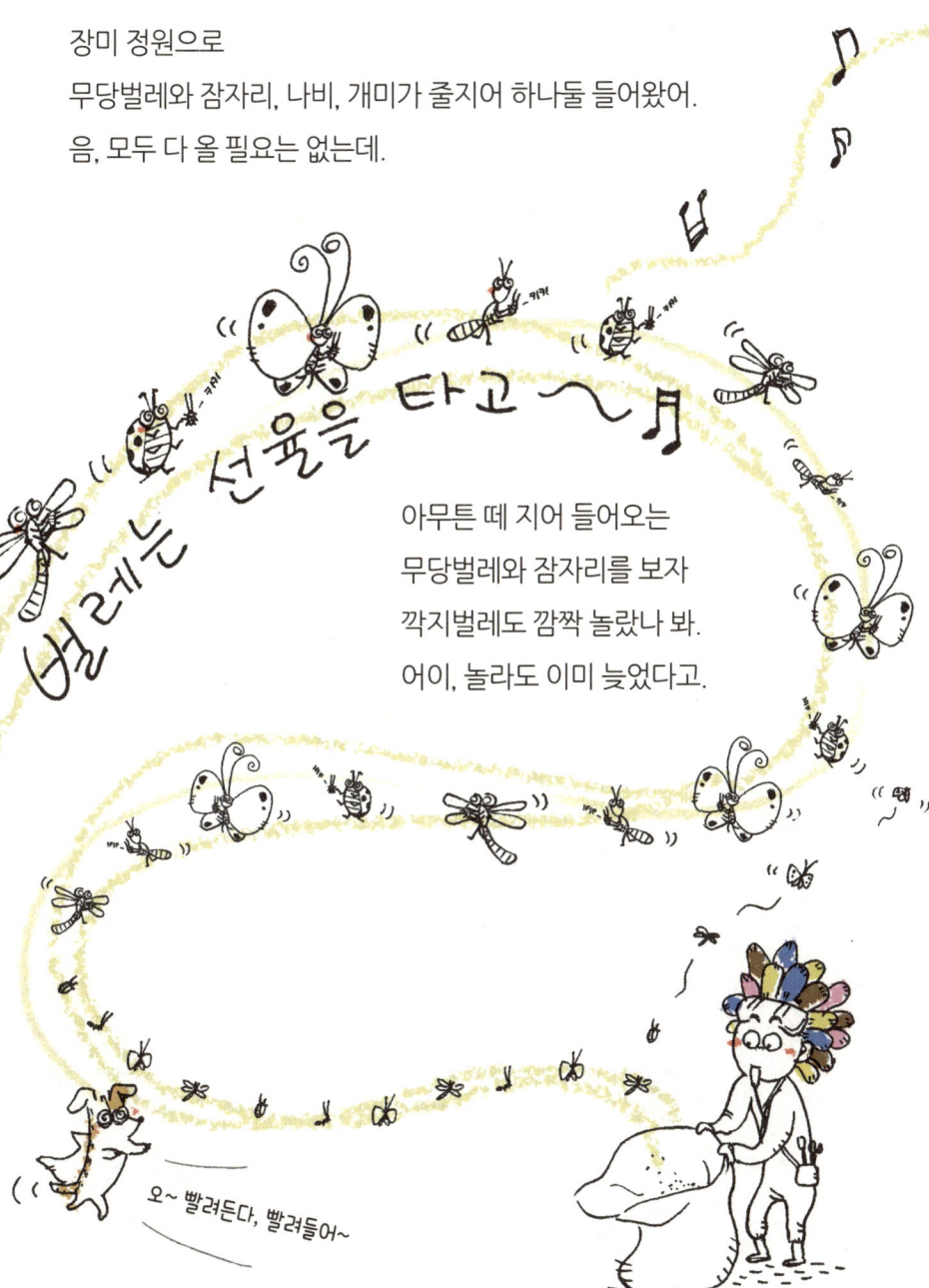

아무튼 떼 지어 들어오는
무당벌레와 잠자리를 보자
깍지벌레도 깜짝 놀랐나 봐.
어이, 놀라도 이미 늦었다고.

오~ 빨려든다, 빨려들어~

"휴, 겨우 다 끝났네.
 장미 정원이 더 이상 망가지지 않아서 다행이야.
 그런데 사냥개… 아니, 사냥새는 어디로 갔지?"
주니가 안도의 한숨을 쉬며 주위를 두리번거렸어.

미션 5

미션 키워드 **디버깅**

장미 정원에 걸린 마법을 풀어라!

사냥새의 마법으로 장미 정원이 뒤죽박죽되었어요.
주니와 거니가 힘을 합쳐 마법을 풀려고 해요.
어떤 문제를 어떻게 바로잡아야 할까요?

올바른 스프링클러
하루에 한 번 정해진
시간(오후 12시)에 물을 뿌린다.

마법에 걸려 고장 난 스프링클러
제멋대로 아무 때나
물을 막 뿌린다.

잘못된 부분 바로 잡기

1 전원 버튼을 눌러 스프링클러를 끈다.
2 (   ) 버튼을 눌러 스프링클러를 다시 켠다.
3 (   ) 버튼을 누르고, 예약 시간을 (   )시로 맞춘다.
4 (   ) 버튼을 누른다.

컴퓨터 프로그램에서 잘못된 부분을 찾아
고치는 것을 **디버깅**이라고 해.
여기선 스프링클러와 잡초 제거기의 설정을 바로잡은 게 디버깅이야.

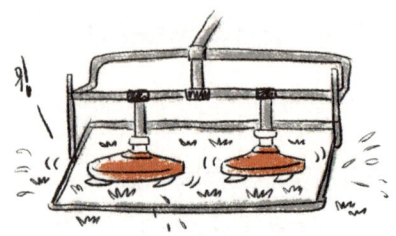

올바른 잡초 제거기
잡초만 제거한다.

마법에 걸려 고장 난 잡초 제거기
장미꽃과 잡초를
모두 제거한다.

잘못된 부분 바로 잡기
1 (   ) 버튼을 눌러 잡초 제거기를 끈다.
2 설정 버튼을 누른다.
3 (   )만 선택해 제거하도록 설정을 변경한다.

맨 처음 컴퓨터를 개발한 사람 중에 그레이스 하퍼라는 사람이 있었어. 어느 날 갑자기 컴퓨터가 고장 나서 원인을 찾아보니, 회로 사이에 나방 한 마리가 끼어 있었어. 하퍼는 나방을 없애서 컴퓨터를 고쳤지. 그때부터 컴퓨터 프로그램에서 잘못된 부분을 찾아서 고치는 걸 '벌레(버그)를 없앤다'는 뜻으로 '디버깅'이라고 불렀대.

7장
무한 변신 사냥새

"크허엉!"
"이 소리는 사자? 뭐야, 사자가 사냥새를 잡아먹었나?"
"설마! 우리 사자가 얼마나 먹는 걸 가리는데.
사냥새는 걔 취향이 아니야!"

주니와 나는 재빨리 소리가 들리는 쪽으로 달려갔어.
하지만 사자는 거기에 없었어.
부르르 떠는 사냥새만 있을 뿐.

그런데 그 순간, 정말 놀라운 일이 벌어졌어!
사냥새 얼굴 주위로 갈기가 자라나는 게 아니겠어?
맙소사! 사냥새에게 사자 갈기라니?

"오호, 멋진데?"
"멋지다니? 지금 이 상황을 정리해 보자면
 내가 그동안 정성을 다해 키운 사자를
 저 사냥새가 먹어 치운 거라고! 저 갈기가 그 증거야!
 맙소사, 주니야. 어서 우리 사자를 구해야 해!"
"이미 먹어 치운 사자를 어떻게 구해?
 그것보다 사냥새가 어떻게 저런 마법을 쓰는지가
 더 궁금하지 않아?"

내 말이 끝나기 무섭게 사냥새,
아니 갈기 달린 사냥새는
내가 가장 아끼는 하양이까망이,
그러니까 얼룩말한테 달려들었어.
눈 깜짝할 사이에
얼룩말도 사냥새 배 속으로 사라져 버렸어.

더 놀라운 건 그다음이었어. 이번에는
온몸이 하얗고 까맣게 변하는 게 아니겠어?
갈기 달린 얼룩무늬 사냥새라니!

"음, 다시 봐도 신기하군.
그러니까 잡아먹는 동물이 가진 특징 중 가장 눈에 띄는,
핵심적인 모습을 훔쳐 가는 마법이란 말이지!
만약 기린을 잡아먹으면 목이 길어지고,
코뿔소를 잡아먹으면 코에 뿔이 생길까?"

"지금 그게 중요해?
어서 저 사냥새가 우리 지하 농장 동물들을 다 잡아먹기 전에
내쫓아야 한다고!"

그 순간이었어. 뭐지? 이 오싹한 느낌은….
사냥새가 우리, 아니 나를 뚫어져라 쳐다보는 게 아니겠어?
나? 나를 쳐다보며 눈을
반짝거리다니….
설마… 아닐 거야.

"거니야, 아무래도 사냥새가
다음 사냥감으로 널 고른 것 같아."
"그걸 지금 말이라고 하는 거야?"
"달리 말하면, 당장 도망쳐야 할 것 같은데."

우리는, 아니 더 정확하게 말하면 나는 정말 열심히 도망쳤어.
사냥새의 먹잇감이 되고 싶진 않았거든.
"헉헉~ 그런데 거니야.
 널 먹으면 사냥새는 어떤 모습으로 바뀔까?
 헉헉~ 사자는 갈기가,
 얼룩말은 얼룩무늬가 특징인데.
 도대체 네 특징은 뭐지?
 헉헉~ 궁금하지 않아?"
"헉헉~ 지금, 그, 걸, 말, 이, 라, 고, 하, 는, 거, 야?"

더 이상 주니의 말을 듣고 싶지 않았어.
사냥새가 날 먹은 다음 어떤 모습일지 궁금하냐고?
아니! 전혀, 조금도, 하나도
궁금하지 않아.

미션 6

미션 키워드 **추상화**

각 동물이 지닌 특징을 찾아라!

사냥새는 동물을 잡아먹을 때마다 그 동물의 '가장 중요한 특징'을 흡수하며 모습이 변했어요. 이렇듯 어떤 동물을 떠올릴 때 가장 중요하다고 생각하는 특징을 써 보세요.

기린의 가장 중요한 특징은 무엇인가요?

뱀의 가장 중요한 특징은 무엇인가요?

낙타의 가장 중요한 특징은 무엇인가요?

문제 해결에 꼭 필요한 부분만 남기고, 필요하지 않은 부분은 없애서 간결하고 이해하기 쉽게 만드는 과정에 필요한 사고를 **추상화**라고 해. 도로 표지판을 만들 때 누구나 알아보기 쉽게 가장 중요한 부분, 즉 가장 중요한 특징만 남기는 것도 추상화의 하나라고 할 수 있어.

얼마 전에 사냥새에게 잡아먹혀서 무지개다리를 건넌 우리 사자의 가장 중요한 특징은 갈기였지. 크흡….

8장
통통 퉁퉁 탕탕 텅텅!

우린 죽을힘을 다해 달렸어.
지하 농장을 몇 바퀴나 돌았는지 몰라.
그러다 체력 단련실로 숨었지.
한숨 돌리는데… 이런, 여기까지 쫓아왔나 봐. 쉿!

갈기 달린 얼룩무늬 사냥새는
체력 단련실 곳곳을
킁킁거리며 돌아다녔어.

"쉿, 거니야. 이걸 몸에 발라."
"이게 뭐야. 나보고 밀가루를 온몸에 바르라고?"
"밀가루가 아니라 탄산마그네슘 가루야.
 손이 미끄러지지 않게 하는!
 이걸 바르면 우리 냄새가 여기 냄새와 섞일 거야."
"오, 역시!"

주니와 나는 꼭 밀가루같이 생긴 탄산 뭐시기 가루를
온몸에 발랐어.
덕분에 킁킁거리며 우리를 찾는 사냥새가
아직은 눈치를 못 챈 것 같아.

"다행이야.
 나가려는 것 같아."
"응. 그런 것 같지?"

"지금 장난해? 이 상황에 방귀라니!
 네 방귀 소리에 사냥새가 우리 쪽으로 다시 오잖아!"
"미안. 아까 게임방에서 팝콘을 너무 먹었나 봐.
 이건 지극히 자연스러운 현상이라고!"

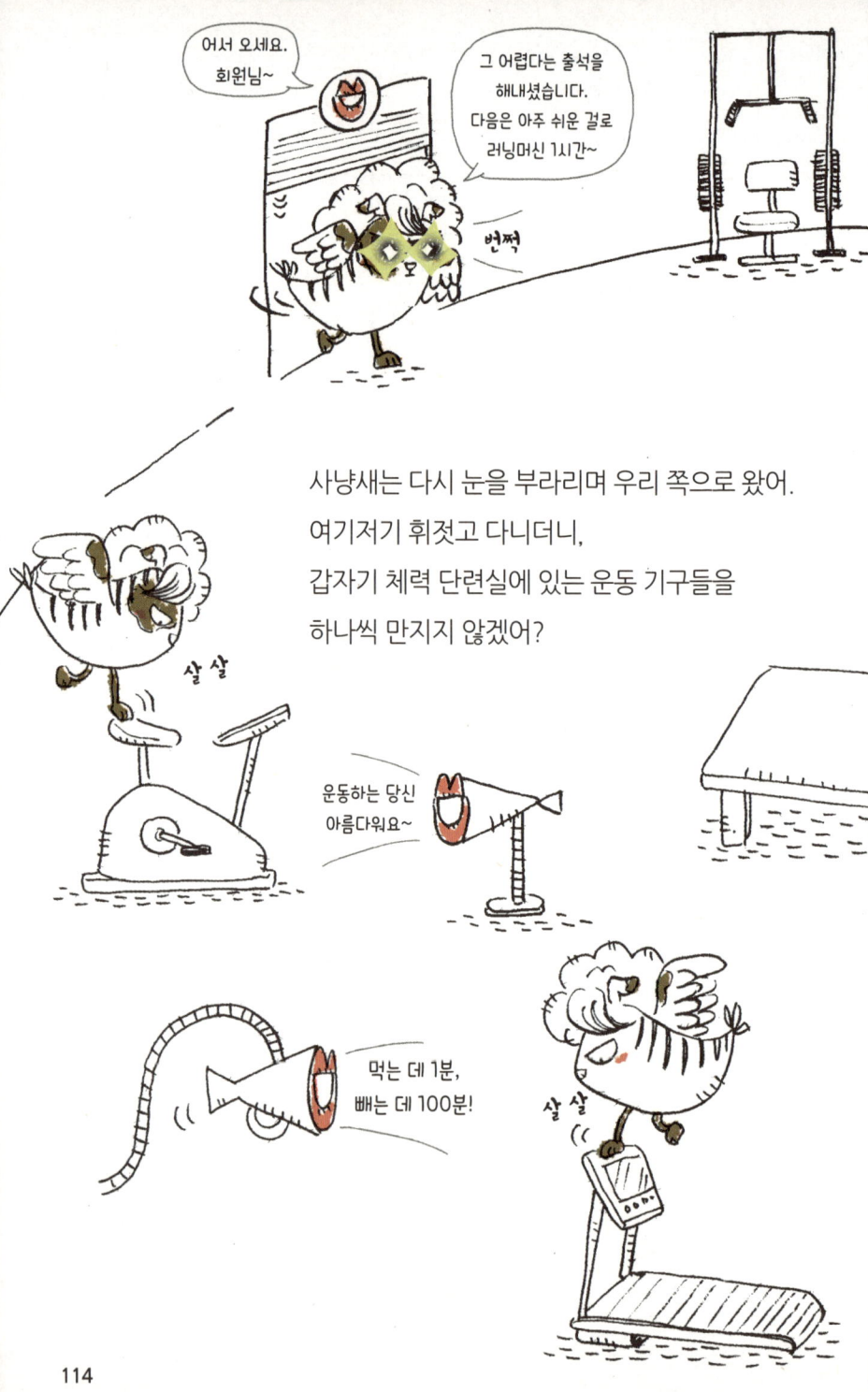

아니, 더 정확하게 말하면
날카로운 발톱이 달린 발로 운동 기구들을
쓰다듬었어. 드디어 정신이 나갔나 봐!
'쟤 지금 뭐 하는 거야?'
'그걸 내가 어떻게 알아?
 운동이라도 하고 싶은… 게 아니고, 맙소사!
 운동 기구들이 움직여!'

이럴 수가! 정말 말도 안 되는 일이 눈앞에서 벌어졌어.
러닝머신이 통통거리며 우리 쪽으로 다가오는가 하면
아령들이 바닥을 탕탕 치며 걷는 게 아니겠어?
그뿐이 아니야.
실내용 자전거까지 굴러왔어!
그러니까 바닥에 붙어 있어야 하는 실내용 자전거가
구르다니, 이게 말이 되느냐고!

"와, 또 새로운 마법인데? 발로 쓰다듬으면
운동 기구가 살아서 움직이다니 말이야!"
"주니 너 새로운 마법 타령 좀 그만할 수 없어?
이제 사냥새의 먹잇감이 되는 것도 모자라서
저 살아있는 운동 기구들한테 깔려 죽게 생겼다고!"

"이럴 땐 방법이 있지."
"방법? 무슨 방법?"

"뭐긴 뭐야. 잽싸게 도망치는 거지!"
"뭐? 같이 가!"

미션 7　　　　　　　　　　　미션 키워드 **조건**

운동 기구를 움직이게 하라!

체력 단련실에 들어온 사냥새가 앞발로 쓰다듬자
운동 기구들이 마치 살아 있는 것처럼 움직였어요.
각각 어떤 모습으로 움직였을지 상상하여 써 보세요.

사냥새가 실내용 자전거를 쓰다듬었더니

✎ **통통 튀면서 걸었다!**

사냥새가 짐볼을 쓰다듬었더니

✎

조건에 따라
서로 다른 명령을 선택해서 실행하는
프로그램 제어 구조를 **선택 구조**라고 해.
여기선 사냥새가 앞발로 쓰다듬을 때
운동 기구들이 살아 움직이는
행동을 했어. 만약 앞발로 쓰다듬지 않았다면
아무 일도 일어나지 않았겠지.
근데 왜 꼭 앞발이냐고? 그건 나도 몰라~

비가 오면 우산을 챙기는 행동을 하고,
비가 오지 않으면
우산을 챙기지 않는 행동 역시
조건에 따른 선택인 거구나!

9장
지렁이 그네와 코뿔소 미끄럼틀

"헉헉~
도대체 언제까지 도망쳐야 하는 거야?
주니야, 어떻게 좀 해 봐!"

"헥헥, 나는 지금… 힘들기도 하지만… 배가 너무 고파.
 사냥새에게 먹히기 전에 배고파 죽을 것 같다고!"
"헉헉~ 도대체 주니 넌 정신이 있는 거야?
 이 상황에서도 먹을 거 타령이라니."

"헥헥~ 우리 곡식 창고가 이쪽인가? 아니면 저쪽?"
"헉헉~ 곡식 창고는 반대쪽이야!
 그쪽으로 가면 사냥새한테 딱 걸릴 거라고.
 일단 저리 가서 숨자!"

우리는 '주니 & 거니 놀이터'로 들어갔어.
'주니 & 거니 놀이터'가 뭐냐고?
말 그대로 놀이터지 뭐겠어?
그런데 이곳은 좀 특별해.
주니가 발명한 물건이 한 34,786,259,832개 아니
34,786,259,833개쯤 되는데….

내가 생각할 때 여기는 그중에서도
TOP 5 안에 들어.
TOP 1은 뭐니 뭐니 해도 팝콘 기계야.
앞에서 잠깐 본 적 있지? 정말 다시 봐도
예술이야. 맛이 끝내주거든. 입에 쏙 넣자마자
맛을 느낄 틈도 없이
사르르 녹지만 말이야.

TOP 2는 방방꽃!
아니야, 이건 순위를 좀 내려야겠어.
방방꽃을 타고 지상으로 올라가지만 않았어도
사냥새가 우리를 쫓는 일 같은 건 일어나지 않았을 테니까.

TOP 3은 개미 친구들의 파티장에 있는 블링블링 미러볼이야.
블링블링 미러볼은 아직 본 적 없지?
음… 내가 사냥새에게 잡아먹히지 않고
살아남는다면 보여 줄게.

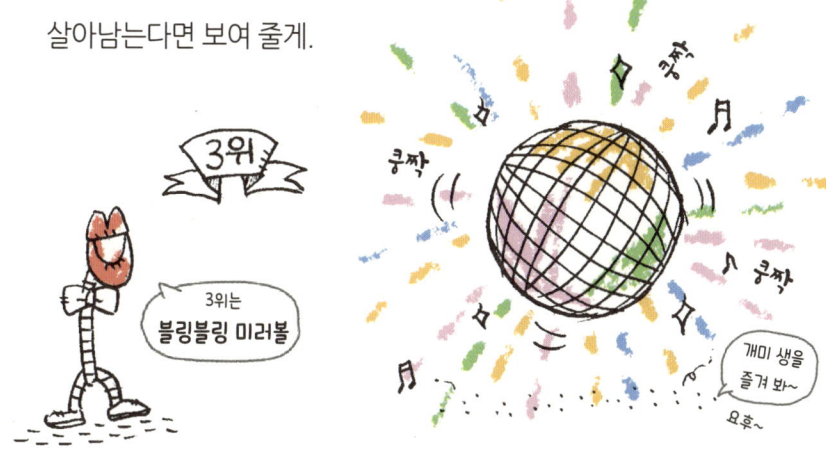

TOP 4는 전망대에 있는 지상 관측 망원경이야.
지하에 사는 우리가 지상의 일을 알 수 있는 건
이 멋진 녀석 덕분이지.
가끔, 아니 자주 더러워지기는
하지만 말이야.

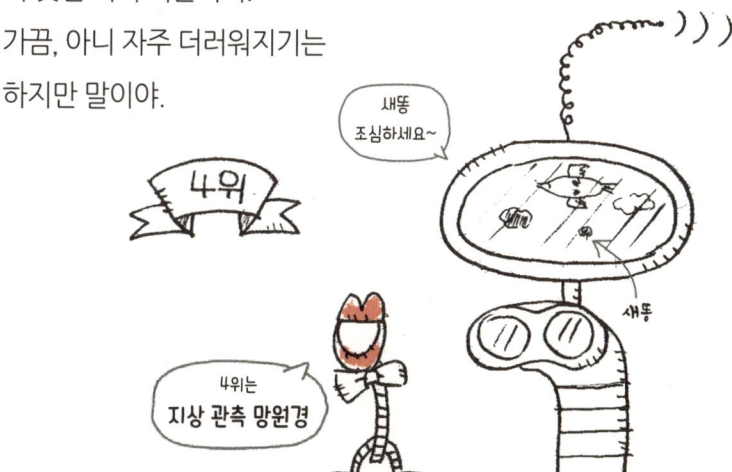

그다음이 바로 이 '주니 & 거니 놀이터'에 있는 변신 기계야.
이 변신 기계만 있으면 무엇이든
놀이 기구로 바꿀 수 있어.
어떻게 그러냐고? 궁금해도 좀 참아.
지금 우린 도망치는 게 급하니까!

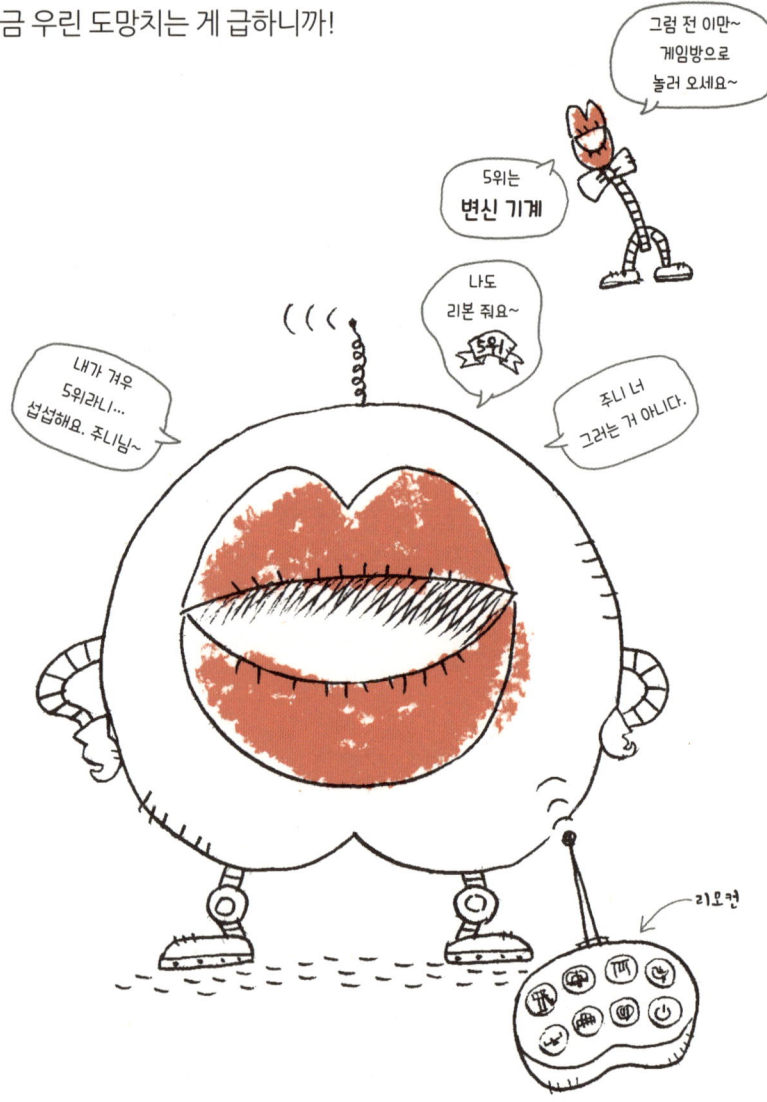

"여기 진짜 오랜만이다, 주니야!"
"그러고 보니 한동안 여기에 발걸음을 안 했네.
 예전에 만들어 놓은 지렁이 그네와 코뿔소 미끄럼틀이
 그대로 있군.

흠… 좋은 생각이 났어!"

"뭐? 설마… 내가 생각하는 그런 생각은 아니겠지?
 아닐 거야. 절대 난 못해!"
"자, 사냥새의 눈을 피할 수 있는 절호의 기회라고!
 거니 너부터 들어가."
"안 돼! 아니야, 이건!"
"자, 여기 '그네 입력' 버튼을 누르고. 얼른 들어가라니까!"

더 이상 무슨 말이 필요하겠어.
그러니까 주니는 지금 날 그네로 만들려는 거야.
무슨 말인지 모르겠다고?

그러니까… 지렁이를 이 변신 기계 속에 넣고
'그네 입력' 버튼을 누르면
지렁이 그네가 된다는 말이야.

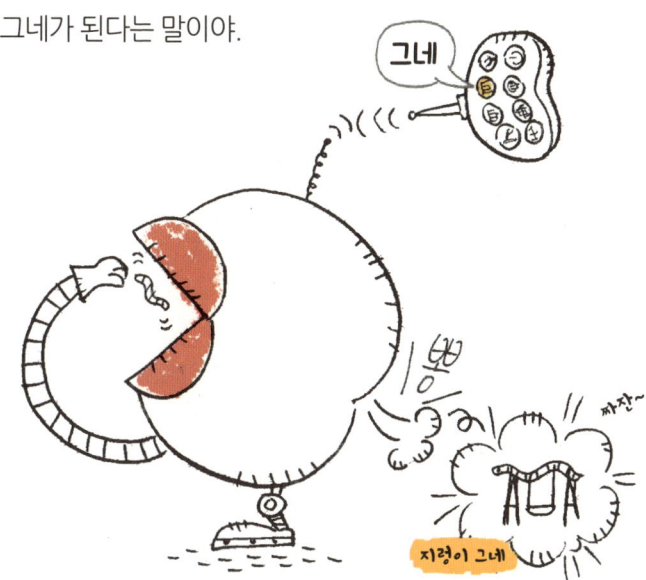

코뿔소를 이 변신 기계 속에 넣고
'미끄럼틀 입력' 버튼을 누르면
코뿔소 미끄럼틀이 되어서
나온다니까!

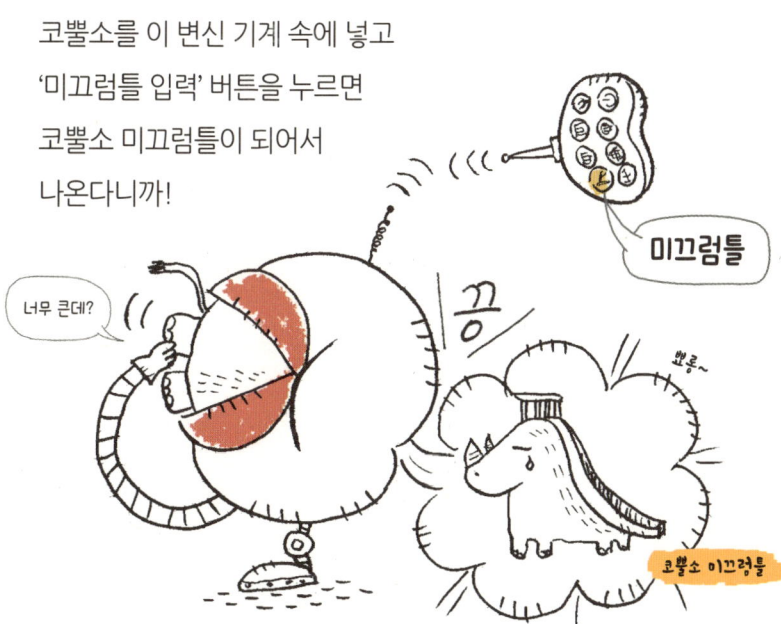

그런데 지금 날 그 변신 기계에 넣었으니 어떻게 되었겠어?
바로 거니 그네가 되었지.
내가! 그네가 되었다고!

"좋아! 아무도 거니 그네가
거니인 줄 모를 거야.
완벽한 위장술인 셈이지!
나도 그럼 미끄럼틀이 되어 볼까?"

주니는 무슨 롤러코스터라도 타는 것마냥 신이 나서
변신 기계 속으로 쏙 들어가더니 미끄럼틀 버튼을 눌렀어.

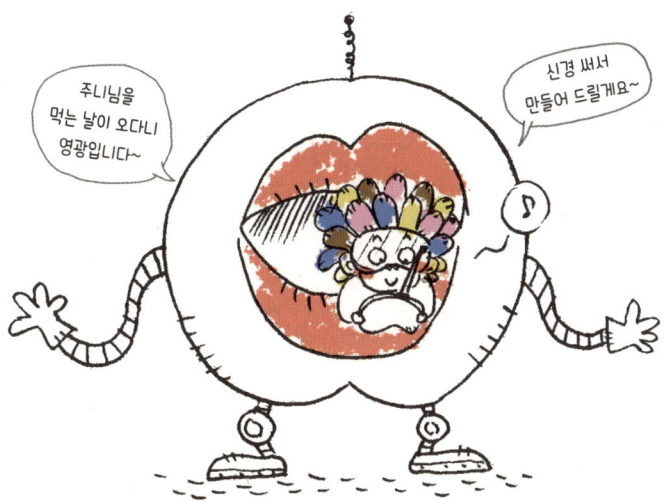

팔이 쭈우욱 소시지처럼 늘어나더니
주니 미끄럼틀이 완성되었어.
뭐, 나름 완벽한 위장술 같긴 해.
코뿔소 미끄럼틀처럼 멋지진 않지만 말이야.

그때였어.
사냥새가 놀이터로 불쑥 들어왔어.
날카로운 눈빛으로 우리를 좍악 째려보더니…

밖으로 나갔어. 대성공이야!
눈치를 못 챘나 봐!

"우리 성공한 거지?"

"그럼! 누구 아이디어인데."

"그런데 원래대로 어떻게 돌아가?
 주니야, 모른다는 말은 하지 마. 제발….
 난 이렇게 그네인 채로 평생 살고 싶진 않다고!"

"잠깐만, 그러고 보니 방법이 있었지!"
"그래? 뭔데?"
"누군가가 변신 기계 속에
뭔가를 넣고 다시
입력 버튼을 누르면 돼!"

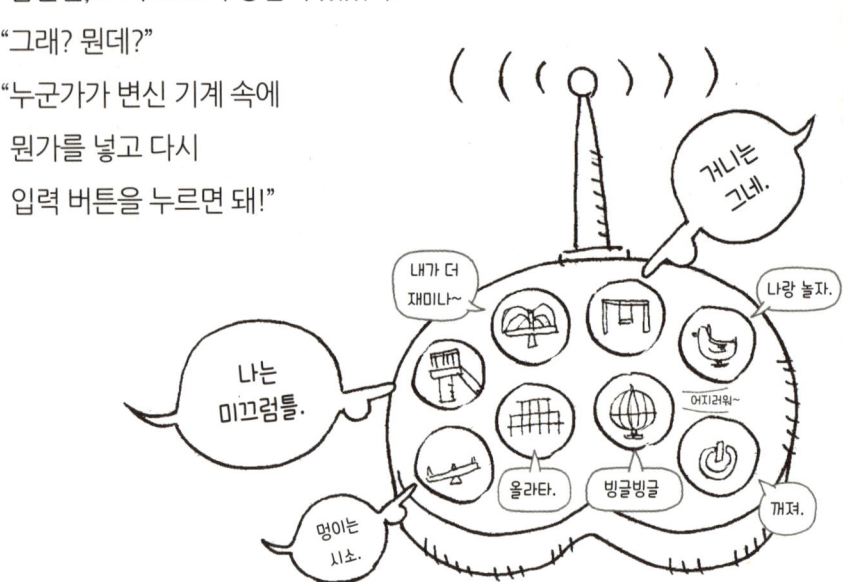

"그 말은 뭐야? 그 누군가가 나타나지 않으면,
평생 그네인 채로 살아야 한다는 거야?"
"오, 똑똑한데! 거니 너 많이 똑똑해졌어."
"맙소사, 그걸 지금 말이라고 해?
차라리 사냥새의 먹잇감이 되는 게 낫지.
이렇게 그네인 채로 평생 살 순 없다고!"

그때였어. 갑자기 문이 '쾅!' 하고 열리더니
동물들이 놀이터 안으로 우르르 들어왔어!
다들 사냥새에게 잡아먹히지 않으려고 이쪽으로 도망 왔나 봐.

사냥새를 보고 깜짝 놀랐는지
안 그래도 튀어나온 눈이
더 튀어나온 타조,

도망치다 다쳤는지 달랑거리는 앞니를
앞발로 붙잡고 뛰는 토끼,

얼마나 뛰었는지 얼굴이 빨갛다 못해 곧
터질 것 같은 원숭이까지….
다들 혼이 빠진 모습이야.

"얘들아! 사냥새를 피할 방법을 알려 줄게.
 자, 여기 이 기계 속에 들어간 뒤
 '그네 입력' 버튼을 누르기만 하면 돼!"
"주니야, 뭐 하는 거야?"
"쉿! 동물들도 구하고, 우리도 여기서 빠져나가야지.
 그래야 저 사냥새를 잡든 내쫓든 할 거 아냐.
 거니 네가 말 좀 해 줘. 동물들이랑 친한 건 너잖아."

"얘들아, 일단 우리처럼 변신해서 여기에 숨어 있어.
주니 말대로 기계 속에 들어가서 입력 버튼을 누르기만 하면 돼!"

동물들은 내 말을 따라
타조 미끄럼틀이,

원숭이 그네가,

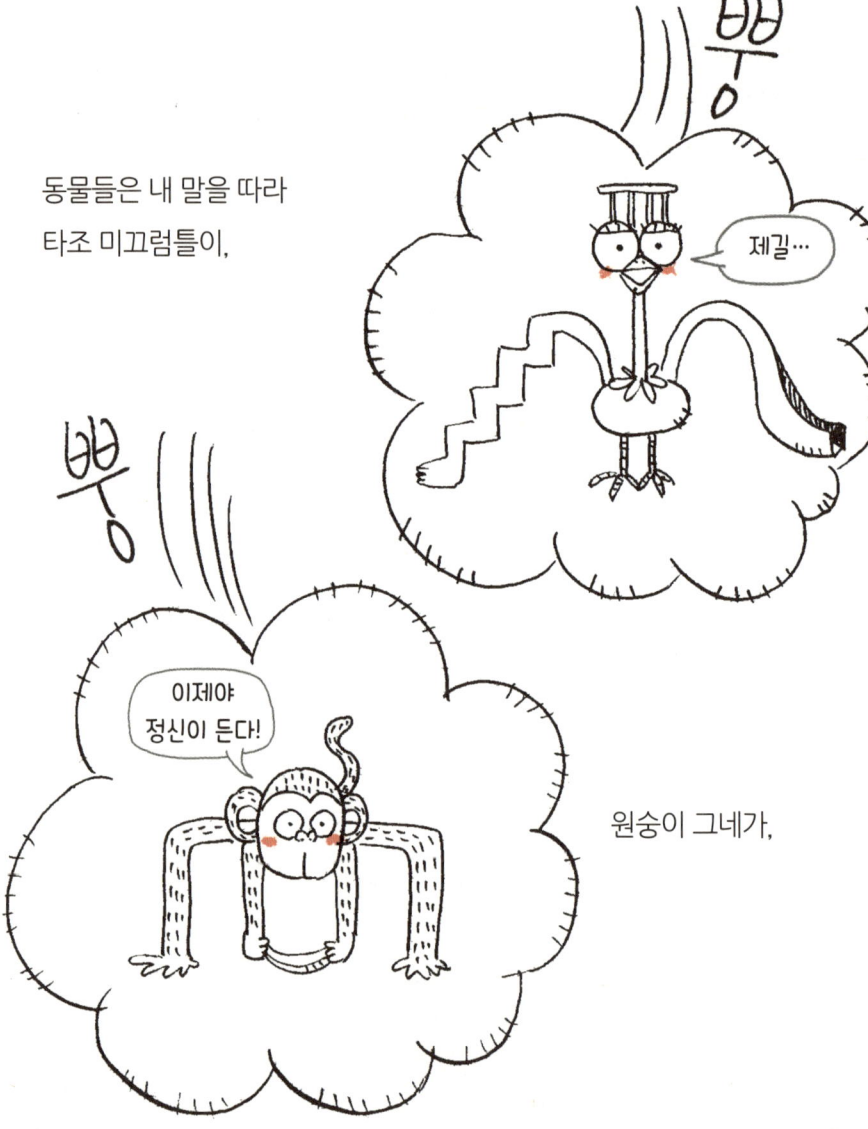

토끼 시소가 되었어.

덕분에 주니와 나는 원래대로 돌아왔지.

"휴… 얘들아, 조금만 참아!
 우리가 저 사냥새를 쫓아내고,
 다시 돌아와서 구해 줄게!"

미션 8

미션 키워드 **변수**

무한대로 변신하라!

변신 기계에 지렁이를 넣고 '그네 버튼'을 누르면 지렁이 그네가,
원숭이를 넣고 '미끄럼틀 버튼'을 누르면 원숭이 미끄럼틀이 만들어져요.
변신 기계에 다음 동물을 넣으면 어떤 모습으로 변신할지
상상하여 그려 보세요.

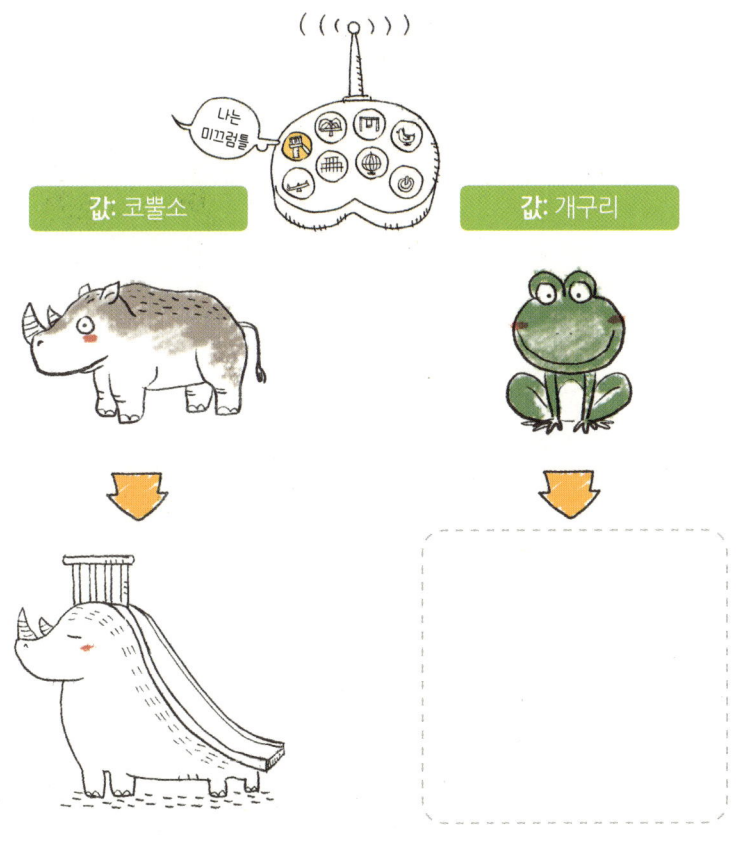

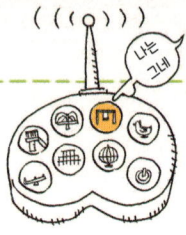

| 값: 독수리 | 값: 물고기 |

프로그램에서 자료를 저장할 수 있도록
이름이 주어진 기억 장소를 **변수**라고 해.
쉽게 말해서 어떤 정보를 저장하는 공간이지.

변수의 특징은 새로운 정보를 넣으면
이전의 값은 사라지고 새로운 정보를 저장한다는 거야.
게임 점수가 1점에서 2점, 2점에서 3점으로
값이 바뀌는 것처럼 말이야!

10장
무지개 팝콘 기계와 문어 아저씨

우리는 체력 단련실에서 조심조심 빠져나왔어.
"주니야, 우리 이제 어디로 가는 거야?"
"흠… 그걸 안다면 좋겠지만 나도 잘 모르겠어.
일단 배고프다. 게임방으로 가자!"
"맙소사, 이 상황에서 배가 고프다니. 넌 정말 신기해!"

게임방에 도착한 주니, 아니 우리는 사냥새 따위는
다 잊어버렸어. 퐁퐁 터지는 무지개 팝콘을 먹느라고 말이야.
"아! 역시 이건 내 생애 최고의 걸작이야.
 다른 어떤 발명품도 이걸 뛰어넘을 순 없을 거야."
"그래! 그건 인정! 사냥새도 아마 이 팝콘을 맛보면
 정신을 못 차릴 텐데."

그 순간, 주니와 나는 동시에 서로를 쳐다봤어.
이런 순간은 절대, 네버, 다시는 오지 않을지도 몰라.
우리 둘 머릿속을 뭔가가 동시에 스치고 지나갔어.

그게 뭐냐고? 나도 몰라.
아주, 아주 가끔 주니와 내가 쌍둥이란 걸 느낄 때가 있는데,
바로 지금 같은 순간이야.
뭔가 간지러운 그런 느낌이 들 때가 있어.

"팝콘 기계에 기능을 추가해야겠어.
 무지개 팝콘으로 사냥새를 불러들인 뒤에
 꼼짝 못 하도록
 공격할 강력한 아이디어가
 떠올랐어!"

"뭔지는 정확히 모르겠지만, 좋은 아이디어인 것 같아.
 자, 그럼 난 뭘 할까?"
"지금부터 팝콘 기계에 버튼을 하나 더 만들 거야.
 새로운 명령을 입력할 버튼 말이야. 거니 넌 벼룩을 모아 줘."
"벼룩, 알았어. 뭐… 벼룩?
 설마 우리 몸에서 피를 쪽쪽 빨아먹는 그 벼룩 말이야?
 내가 아무리 동물을 사랑한다지만 벼룩은 아니지!"
"그래도 어쩔 수 없어.
 사냥새에게 줄 선물이니까!"

주니는 더 이상 말이 필요 없다는 듯
새로운 버튼을 만들기 시작했어.
더 말하고 싶었지만, 주니가 뭔가를 새로 만들 때
건드려서는 안 돼. 안 그래도 고약한 성질이
더 고약해지거든.

주니가 뚝딱뚝딱 뭔가를 만드는 동안
나는 다시 피리를 꺼내 들었어.
정말 상상도 해 본 적이 없어.
이 피리로 벼룩을 불러내야 한다니 말이야.

"필리필리 필릴리~"

어디에 숨어 있었는지 눈에 잘 보이지도 않던 벼룩들이
우르르 몰려왔어.

"주니야, 빨리해. 벼룩들이 언제 우리를 물려고 덤벼들지 모른다고!"
"다 했어. 자, 버튼을 새로 추가했어.
 우리 무지개 팝콘 기계는 어떤 재료도 맛있는 팝콘으로
 만들어 주잖아? 새로 만든 이 버튼을 누르면 이제 팝콘 만드는
 속도나 강도를 조절할 수 있지. 직접 보여 줄 테니,
 벼룩들을 팝콘 기계의 재료 투입구로 보내."

말이 떨어지기 무섭게 벼룩들은 재료 투입구로 몰려들었어.
무슨 파티장에라도 가는 줄 아나 봐.

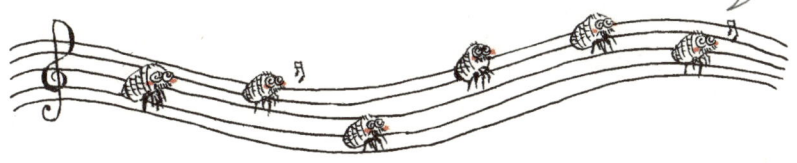

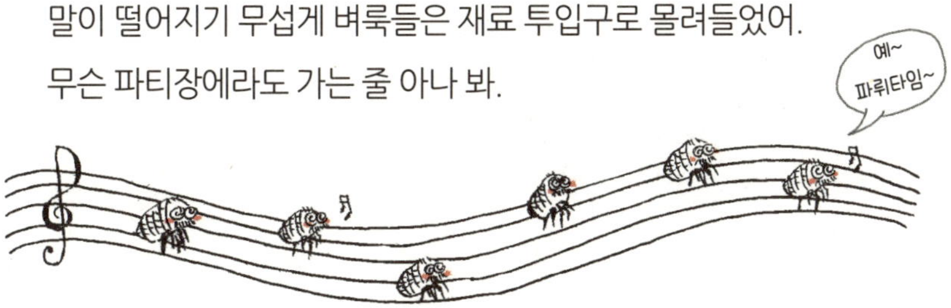

그때였어. 게임방 문이 벌컥 열리더니
킁킁거리며 들어오는 건 사냥새…?
그새 점점 더 알아볼 수 없게 변해 버렸지 뭐야.
도대체 무얼 얼마나 먹으면 저렇게 변하는 거지?

그렇게 먹었는데도 또 배가 고픈가 봐.
나풀나풀 떨어지는 무지개 팝콘을
혀로 날름날름 받아먹는 걸 보면.
자, 잘 봐.
뭘 보느냐고?
무지개 팝콘에 붙어 있는 벼룩들을 잘 보란 말이야!

"지금이야!"
주니는 새로 만든 버튼을
재빨리 꾹 눌렀어.

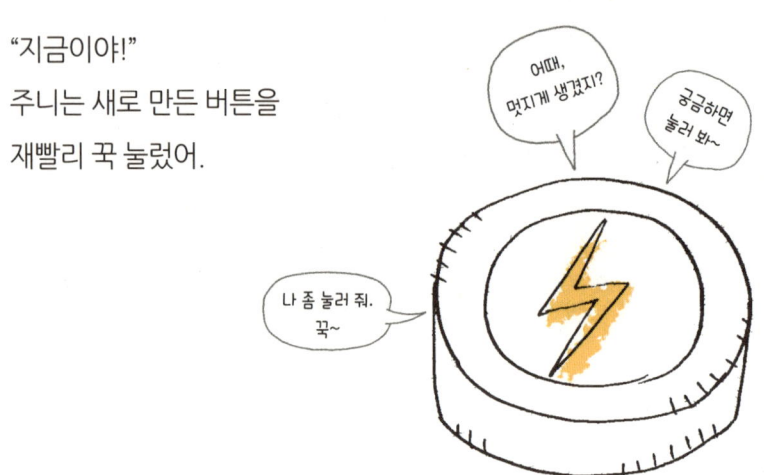

그러자 무지개 팝콘들이, 아니 벼룩들이
엄청나게 빠른 속도로 날아가서 사냥새 몸에 다닥다닥 꽂혔어.

"이게 도대체 어떻게 된 거야?"
"이 버튼을 누르면 팝콘, 아니 벼룩이 떨어지는 속도를 엄청 빠르게 하거나 세게 할 수 있어. 누를 때마다 속도나 강도가 세지도록 명령을 입력해 놓았거든."

"오, 좀 멋진데? 그러면 이제 어떻게 되는 거야?"
"어떻게 되긴? 잘 봐!"

사냥새는 이리저리 날뛰었어.
그럴 수밖에!
사냥새 몸에 붙은 벼룩들이
포동포동한 사냥새를 그냥 둘 리 없으니까.
아무리 몸을 이리 비틀고 저리 비틀어도 소용없어.
벼룩들은 한 번 콱 물면 절대 놓는 법이 없거든.

"이제 어떻게 하지? 이참에 사냥새를 지하 농장에서 쫓아내야 해!"
"걱정 마. 벼룩 때문에 힘을 제대로 쓰지 못하는 지금이 기회야. 수영장으로 가자. 문어 아저씨의 도움이 필요해."

우리는 수영장으로 달려갔어.
사냥새는 따갑게 깨무는 벼룩들 때문에 춤을 추듯 날뛰면서도 꾸역꾸역 우리를 쫓아왔어.
"문어 아저씨! 문어 아저씨! 도와주세요!"
이 수영장을 관리하는 건 거대 문어 아저씨야. 내가 관리하는 지하 농장에서 유일하게 손을 놓고 있는 곳이지. 왜냐고? 흠… 보면 알 수 있을 거야.

수영장이 문어 아저씨로 꽉 차 있어서
관리를 하고 싶어도 할 수가 없다고!
관리하러 들어갔다가 문어 아저씨 빨판에
몸이 쫙 들러붙어 버리면 어떡해.

"무슨 일이니?"
문어 아저씨가 기다란 다리를 구불거리며 물었어.

"우리 지하 농장 동물들을 몽땅 잡아먹은 사냥개,
아니 사냥새가 쫓아와요.
사냥새가 오면 붙들어만 주세요.
나머진 저희가 알아서 할게요!"

"붙들어 달라고?
그건 내 주특기니 걱정 마라."

말이 끝나기 무섭게 사냥새가 미쳐 날뛰며 수영장으로 들어왔어.
벼룩들을 떼어낼 생각이었는지,
우리는 쳐다보지도 않고 물속으로 풍덩 뛰어들었어.
그 속에 무엇이 있는지도 모르고 말이야.

"왜 안 나오는 거지? 죽었나?
 이렇게 쉽게 죽으면 재미가 없는데?"
"주니야, 이 상황에서 재미라니. 그만해! 좀!"

그때였어. 뽀글뽀글 물방울이 올라오더니
사냥새의 축 처진 갈기가 조금씩 보였지.
문어 아저씨의 다정한 손길…
아니, 발길에 감싸인 채 말이야.

"바로 지금이야. 방방꽃을 가져와!"
"방방꽃? 지금 여기서?"
"그래. 그것만큼 이 지하 농장에서 무언가를
빨리 내보내는 방법은 없지."

주니는 거침없이
'신기방방' 버튼을 눌렀어.
주먹만 하던 방방꽃이
자꾸자꾸 커졌어.

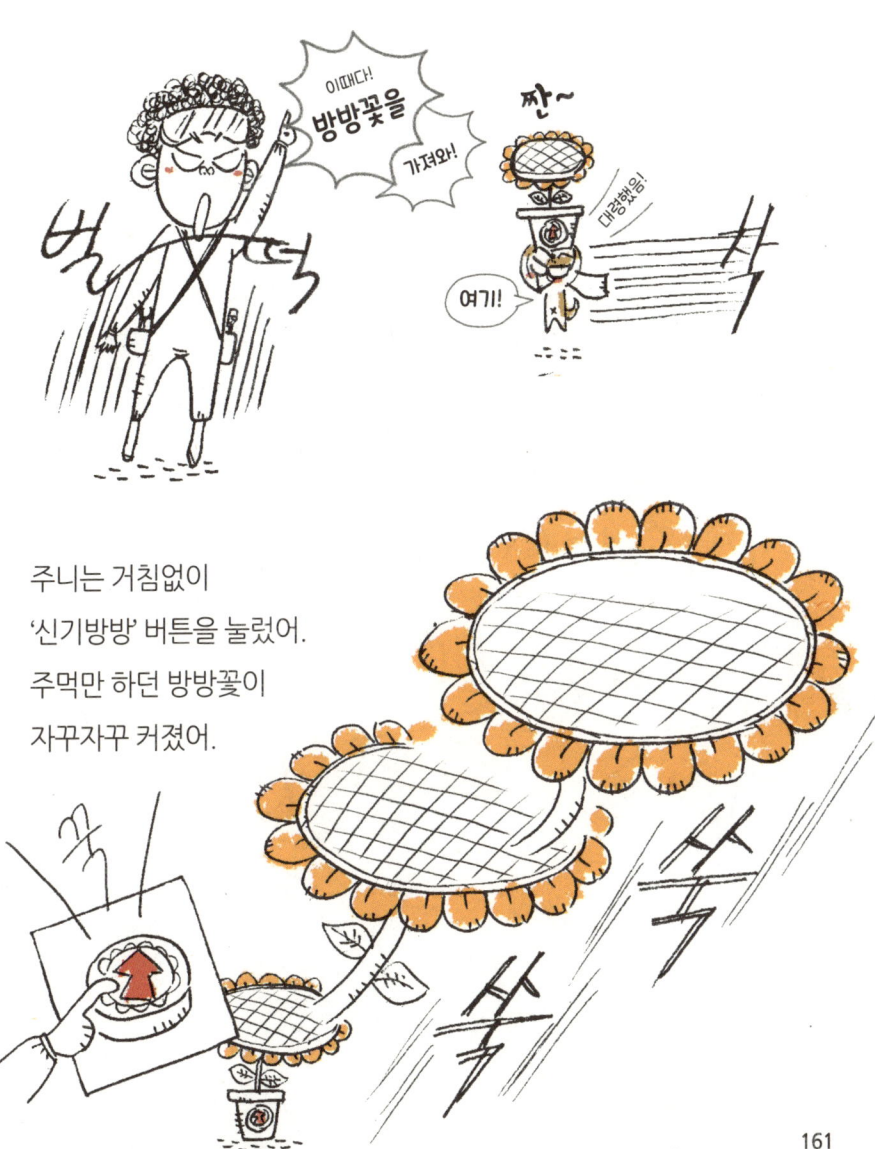

"문어 아저씨! 이 방방꽃 위로 사냥새를 올려 주세요!"
방방꽃 위에 털썩 누운 사냥새는
아직 정신을 못 차린 것 같아.
여전히 따끔따끔 물어뜯는 벼룩에
문어 아저씨 빨판 맛까지….
하긴, 정신 못 차릴 만하네.

"거니야, 우리도 올라가자!"
"뭐? 사냥새만 올려 보내!
 우리까지 올라갔다 무슨 일을 당하려고?"
"사냥새를 확실히 잘 날려 보내야지!
 찜찜하게 했다가
 지하 농장으로 다시 돌아오면 어떻게 해."
"난 싫어! 싫다고!"

뭐 다들 예상했겠지만.
난 어느새 방방꽃 위에
올라타 있었지.
주니는 항상 그래.
언제나 그래.

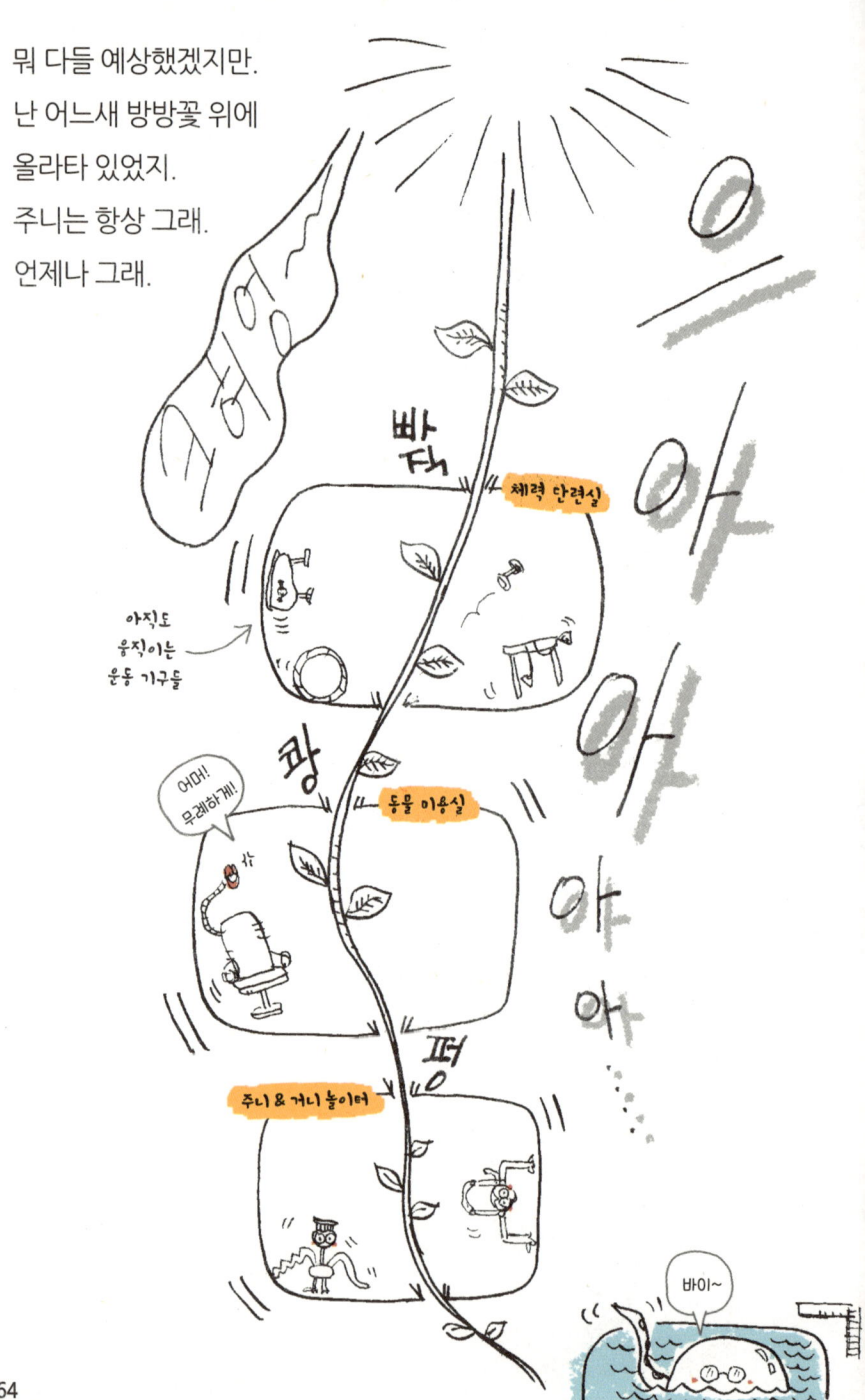

미션 9

미션 키워드 **함수**

팝콘 기계를 업그레이드하라!

팝콘 기계에 새로운 기능을 추가했어요. 팝콘 기계에 추가하고 싶은 기능을 상상하여 이름을 정하고 어떤 기능인지 써 보세요.

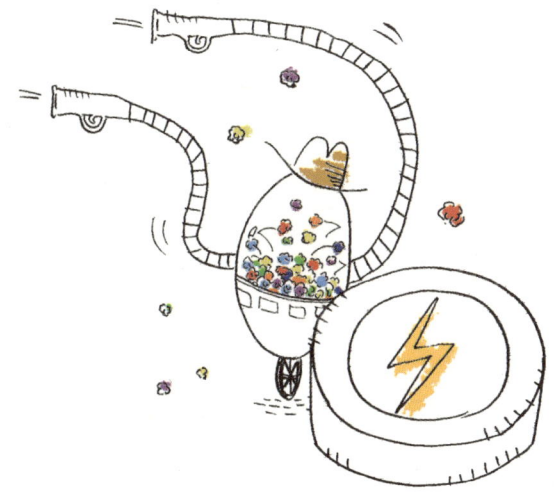

| 속도 조절 기능 | 1 팝콘이 떨어지는 속도를 5씩 올리기
2 속도가 100 이상이 되면 멈추기
3 속도를 5씩 내리기
4 속도가 50 이하가 되면 멈추기 |

나만의 기능 추가하기 1

| 영양소 추가 기능 | 1
2
3
4 |

나만의 기능 추가하기 2

| | 1
2
3
4 |

프로그램에서 특정한 동작을 수행하는 일정한 코드 부분을 **함수**라고 해.
여기서는 팝콘 기계에 추가한 '속도 조질 기능'이 함수에 해당해.

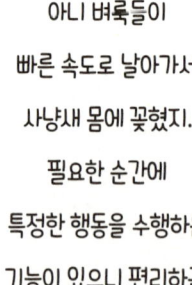

덕분에 무지개 팝콘, 아니 벼룩들이 빠른 속도로 날아가서 사냥새 몸에 꽂혔지. 필요한 순간에 특정한 행동을 수행하는 기능이 있으니 편리하군!

11장
개미 군단의 도움

지하 농장 밖은 아주 평화로웠어.

적어도 우리가 방방꽃을 타고 나타나기 전까진 말이야.

"주니야, 이제 어떻게 할 거야?
 사냥새를 계속 방방꽃에 태울 거야?"
"아니지. 멀리 날려 보내야지!"
이리 퐁퐁, 저리 퐁퐁. 여전히 눈이 빙빙 돌아가는
사냥새와 주니 그리고 나는 계속 방방 뛰며
위로 올라갔다 떨어졌다 반복했지.

"거니야, 우리 지하 농장의
 개미들 좀 불러봐."
"지금? 지금은 개미들이 파티 하는 시간인데.
 아무리 사냥새가 지하 농장을
 엉망으로 뒤집어 놨어도,
 개미들의 파티를 방해할 수는 없어."

"파티도 사냥새를 물리친 다음 이야기지.
 어서 불러. 개미들만 도와주면
 저 사냥새를 아주 멀리멀리 보낼 수 있을 거야."
"파티 중에는 꼼짝도 하지 않는 게 개미들의 규칙이라고!"
"흠… 그 파티장에 있는 블링블링 미러볼을 누가 만들었더라?
 하나 더 만들어 준다고 해."

나는 어쩔 수 없이 피리를 꺼냈어.
파티장의 시끄러운 음악에 묻혀 잘 들릴지 모르겠지만.
일단은 해 보는 수밖에.

방방꽃이 우리를 아래로 내려놓는 순간마다
짧지만 세게 피리를 불었어.
역시나… 들리지 않나 봐.

"무슨 일이야? 거니 너 왜 그러고 있니?"
그때 마침 농장 입구에서 먹이를 나르던
막내 일꾼개미를 발견했어.
"우리를 좀 도와줘야겠어. 주니가 블링블링 미러볼을
하나 더 만들어 준대. 친구들을 모두 불러와."

내 말을 들었는지 못 들었는지,
위로 올라갔다 다시 내려와 보니
막내 일꾼개미는 보이지 않았어.
잠시 뒤…
개미들이 꼬리에 꼬리를 물고
와글와글 나타났어.
주니가 만든 발명품 중
미러볼이 TOP 3인 데는
다 이유가 있다니까!

주니의 말이 끝나자마자
개미들은 엄청나게 빠른 속도로 움직이기 시작했어.
100마리씩 서로 다리를 붙잡고
1줄, 2줄, 3줄… 셀 수도 없이 많이 줄을 만들더니
사냥새에게 다가가는 게 아니겠어?
개미 군단 수천 마리가 동시에 착착 움직이는 모습은
마치 군대가 행진하는 것 같았어.

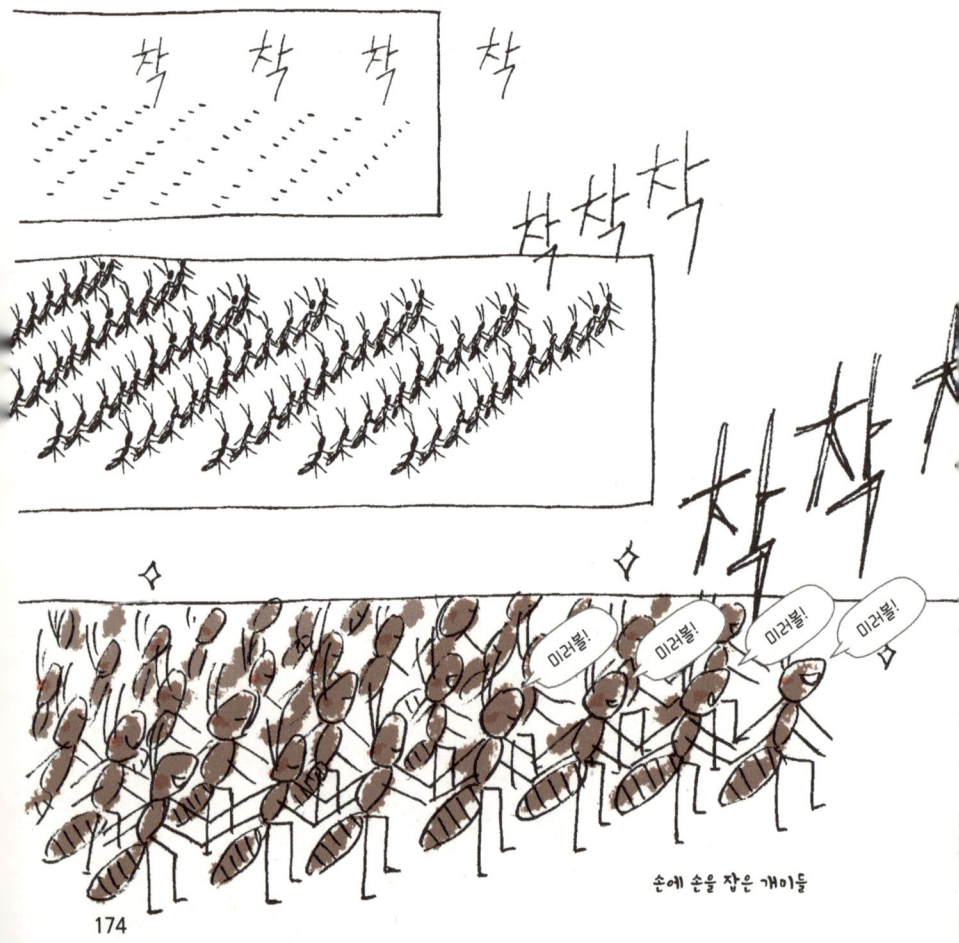

손에 손을 잡은 개미들

개미 군단의 한쪽 끝은 방방꽃을 붙잡고,
다른 한쪽 끝은 사냥새 몸을 칭칭 감더니,
방방꽃과 같이 리듬을 탔어.
사냥새는 어느새 정신이 돌아왔는지 눈빛을 다시 번쩍였지만….
어쩌겠어. 이미 개미 군단이 만든 줄에
몸이 꽁꽁 묶였는데 말이야.

주니와 나는 함께 날려가지 않으려고
방방꽃을 단단히 붙잡았어.

"자, 지금이야. 사냥새를 멀리 날려 보내!"

"휴, 이제 끝났다.
저 정도 거리면 다시는 이 근처에 얼씬도 못 할 거야.
거니야, 어때? 내 계획이 좀 멋있었지?"
"그래, 잘했어. 처음에 이 방방꽃을 타고 여기에 왔을 때
그 누런 알을 지하 농장으로 가져가지만 않았어도 이런 일은
없었을 테지만 말이야."

"아무래도 내 생각엔 거대한 음모가 있는 것 같아. 그러니까….."
"됐어! 얼른 개미 군단에게 인사나 해."
"약속한 대로 블링블링 미러볼을 하나 더 만들어 줄게.
 지하 농장으로 내려가면 말이야.
 어서 파티 하러 돌아가. 먼저 내려 줄게."

자, 이젠…
우리가 돌아갈 차례인가?

미션 10

미션 키워드 **병렬화**

일이 동시에 척척 이루어지는 비밀을 찾아라!

수천 마리의 개미 군단이 동시에 움직여 사냥새를 쫓아버리려는 주니와 거니를 도와주었어요. 이처럼 어떤 일을 동시에 하면 빨리 해결할 수 있어요. 피자를 혼자 색칠할 때와 친구와 함께 색칠할 때, 언제 더 빨리 완성할 수 있는지 실험해 보세요.

혼자 색칠할 때 걸린 시간

친구와 함께 색칠할 때 걸린 시간

크고 복잡한 문제를 작게 나눠 동시에 해결하는 것을 **병렬화**라고 해.

개미 군단이 100마리씩 동시에 여러 개의 줄을 만든 것, 친구와 함께 피자를 색칠한 것도 모두 병렬화의 예야.

12장
사냥꾼은 누구?

"휴, 이제 다 끝났다.
어서 지하 농장으로 돌아가자, 주니야!
응? 어디 갔지?"

"아무리 생각해도
 이해가 안 돼!"

"뭐가? 도대체 뭐가 또 이해가 안 된다는 거야?
 사냥새도 잘 물리쳤고,
 이제 지하 농장으로 다시 내려갈 일만 남았는데."
이미 내 말은 들리지도 않나 봐.
주니는 지하 농장 입구를 계속 빙글빙글 돌았어.

"왜 하필 여기였을까? 황금 알이 지하 농장 입구에 놓여 있었잖아. 혼자 움직일 수는 없었을 테니, 분명히 누가 가져다 놓았다는 말인데…."
"사냥새니까 사냥꾼이 놓고 간 모양이지."
"사냥꾼? 오, 그럴듯한데. 그런데 왜 우리 지하 농장 앞에다 놓고 갔을까?"
"그걸 내가 어떻게 아냐?"
"난 알아야겠어. 지금 이것보다 더 재미있는 건 없으니까!"

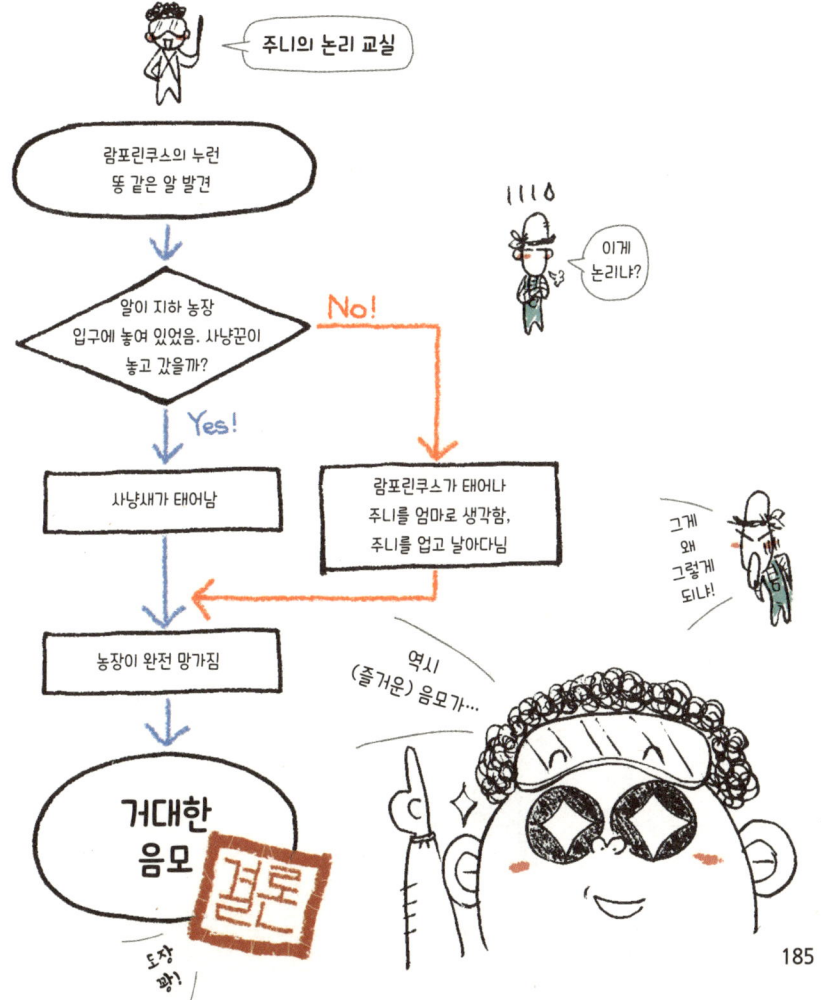

주니는 마치 사냥새, 아니 사냥개가 된 것처럼
지하 농장 입구 주변을 킁킁거렸어.
도대체 쟤는 무슨 생각을 하면서 사는지 알다가도 모르겠어.
사냥꾼이 놓고 갔다고 하더라도
그 흔적이 지금 있을 리가….

"찾았어! 이건 분명 사냥새를 놓고 간 사냥꾼의 흔적이야."
"뭐? 참 내… 그건 그냥 발자국일 뿐이야. 그게 사냥꾼 발자국이라는 증거가 어디 있어?"

"여길 봐. 다른 발자국은 깊이가 1센티미터 정도밖에 안 되는데 지하 농장 입구에 찍힌 발자국은 깊이가 적어도 3센티미터는 된다고. 그건 이 발자국 주인이 여기에 오래 머물렀단 뜻이지. 이 발자국을 따라가면 뭔가 단서가 나올 거야."
"말도 안 돼. 주니야, 어디 가? 설마 그 발자국을 정말 따라갈 셈이야?"

이미 눈치챘겠지만.
더 이상 주니를 말릴 순 없어.
언제나 그렇듯이 말이야.
발자국을 한참 따라가던 주니가
갑자기 걸음을 멈췄어.
이제 끝난 걸까?

"흠… 여기서 발자국이 끊겼네.
 거대 나무줄기 앞이라….
 도대체 이 위에 뭐가 있는 거지?"
"뭐가 있겠어? 나무니까 나뭇잎이 달려 있겠지."
"저 끝이 보여? 난 안 보이는데?"
"당연히 나도 안 보여. 하지만 그걸 꼭 봐야 알아?"

"거니야, 올라가 보자."
"뭐? 저기를? 왜?"
"궁금하잖아!"
"뭐가? 난 안 궁금해! 하나도, 전혀, 절대로!"

"뭔가 있는 게 틀림없어. 그게 뭔지는 몰라도
지하 농장보다 훨씬 더 재미있을 거야."

맙소사! 이제야 겨우 지하 농장으로 돌아간다 싶었는데,
도대체 왜애애애애애!
나무줄기를 타고 저 위로 올라가자고?
너희는 그 이유를 알 것 같니?
나는 모르겠어. 도저히 모르겠어. 아니, 알고 싶지도 않아!

"주니야, 주니! 같이 가!"

쿠헤엥

아이고, 내가 못살아!

설레는 거야, 무서운 거야?

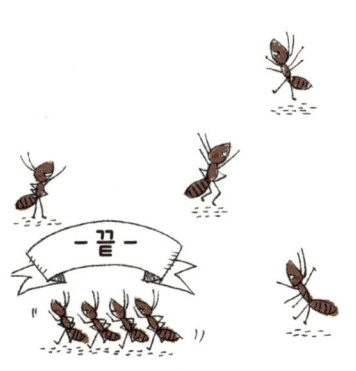

작가의 말

《팜》은 쌍둥이 형제 주니와 거니가 사는 지하 농장에서 벌어지는 사건을 그린 '판타지 코딩과학동화'입니다. 발명왕 주니는 기발한 아이디어로 무엇이든 만들어 내는 한편으로 왕성한 호기심 때문에 늘 사고를 칩니다. 책임감 강한 거니는 동식물 친구들을 사랑하고 돌보며, 주니가 벌여놓은 일을 수습하느라 바쁘지요.

방방꽃이 탄생한 실험실, 무엇이든 부화시키는 킹왕짱 알 부화기, 알록달록 동물 미용실 등 주니와 거니의 지하 농장은 재미난 장소로 가득합니다. 어느 날 지하 농장 입구에서 발견한 황금 알에서 나온 마법에 걸린 사냥새는 동물들을 몽땅 잡아먹고는 지하 농장을 쑥대밭으로 만들어 버립니다. 사냥새를 물리치기 위해 고군분투하는 주니와 거니! 쌍둥이 두 형제가 그때그때 문제를 해결해 나가는 이야기를 읽다 보면, 저도 모르게 다양한 코딩의 개념과 원리를 익히게 됩니다.

《팜》은 우리 아이들이 한 번쯤 상상하는 지하 세계 속 모험을 통해 상상력을 키우고, 끊임없이 호기심을 가질 수 있도록 자극합니다. 동물을 잡아먹을 때마다 시시각각으로 모습이 변하는 사냥새의 변신을 지켜보며, 사냥새를 어떻게 물리쳐야 할지를 끊임없이 생각하도록 주니와 거니의 시선으로 지하 농장을 바라보지요. 놀이기구로 변신하는 동물들의 모습과 신나게 디스코를 추는 개미 군단의 춤 동작에서 아이들이 스스로 기발한 아이디어를 떠올리도록 자극하고, 그 속에 숨은 코딩의 개념과 원리를 자연스럽게 학습하도록 이끕니다.

여기서 끝나면 어딘가 아쉽지요. 사냥꾼이 남긴 흔적을 따라 뒤쫓아 가다가 만난 거대 나무를 통해 이제 또 다른 세계인 하늘 농장으로 들어가게 됩니다. 구름 폭탄, 액괴 놀이방 등 하늘 농장에서는 지하 농장과는 또 다른 에피소드들이 주니와 거니를 기다립니다. 어디로 튈지 모르는 주니와 거니를 따라 신나는 컴퓨터 과학의 세계, 코딩의 세계로 함께 여행을 떠나볼까요? 가다 보면… 또 다른 새로운 세계가 나타날지도 모르니까요!

글쓴이 **홍지연**

"코딩이 뭔가요?"

이럴 줄 몰랐습니다. 오래전에 학교를 졸업하고 나서 더 이상 인연이 없다는 수학을, 또 과학을 동화책에 그림을 그리면서 다시 만나게 되다니…. 저는 평소 코딩을 배우는 초등학생들을 보면서 '와, 요즘 초등학생들이 이렇게 어려운 걸 공부한다고?' 하며 놀랍게 생각했어요. 그래서 저도 (하기 싫은) 공부를 할 때면 초등학생 친구들과 마음으로 동지애를 느꼈지요. '이왕 공부하는 거! 재미도 있고 공부도 저절로 되면 얼마나 좋을까?' 하고도 생각했답니다.

그런데 세상에나! 저랑 같은 생각을 하는 작가님이 있었다니! 이게 코딩동화라고? 지하에 농장이 있다고? 거기에 정체를 알 수 없는 알이 나타났는데, 그게 사실은 사냥새의 알이라고? 그리고 또… 호기심 대마왕 주니와 뒤처리 담당 거니가 엉망진창, 좌충우돌 모든 걸 만들고 망가뜨리는 사건들을 따라가다 보면 저절로 코딩의 개념을 배울 수 있다고?

정말 그럴까요? 저는 코딩을 몰라요. 그런데도 주니와 거니를 따라가는 과정이 너무도 재미있었습니다. 그리고 쏙쏙 이해가 되었어요. 다음엔 또 어떤 사건이 펼쳐지고 주니와 거니가 어떻게 문제를 해결해 나갈까 너무나 궁금합니다. 미지의 세상으로 나아갈수록 점점 더 어려운 문제들이 이들에게 도전장을 내밀겠지요.

신나는 모험을 떠나는 주니와 거니의 여정에 우리 친구들도 함께하며 같이 문제를 해결해 봐요. 그러다 보면 주니, 거니와 함께 우리 친구들도 성장해 있겠지요. 혹시 알아요? 모험이 끝날 때쯤이면 우리 친구들도, 저도 코딩박사가 되어 있을지! 자, 준비되었나요? 재밌는 곳이라면 어디든 빠지지 않는 멍이 뒤를 따라 우리도 떠나요. 출발!

그림 **지문**

글쓴이 **홍지연**

초등컴퓨팅교사협회 연구개발팀장이며, 초등학교 교사로 재직 중입니다. 한국교원대학교 초등컴퓨터교육 대학원 박사 과정을 수료했으며, 교육부 및 과학기술정보통신부 SW 교육 강사이자 교육부 SW 교육 원격연수 강사, EBS 이솦 SW 교육 강사 등을 맡고 있습니다. 《한 권으로 배우는 초등 SW교육》, 《이야기와 게임으로 배우는 스크래치》, 《학교 수업이 즐거운 엔트리 코딩》, 《WHY? 코딩 워크북 시리즈》, 《언플러그드 놀이책 시리즈 1~3권》, 《소프트웨어 수업백과》, 《즐거운 메이커 놀이 활동 1-2권》 등을 썼습니다.

그림 **지문**

건국대학교에서 역사를 공부하며 느낀 세상의 이야기들을 재밌는 그림으로 전하고 있습니다. 현재 한국어린이그림책연구회회원이며, 강남구립어린이도서관에서 어린이 친구들과 직접 만나 소통하고 있습니다. 재미있게 그린 책으로 《우리 집에 전기 흡혈귀가 산다》, 《꼬물꼬물 꿈틀꿈틀 우리 집에 벌레가 산다?!》, 《출동 완료! 쌍둥이 탐정》, 《송이의 비밀 노트: 아낌없이 주는 식물》, 《역사가 숨어있는 한글가온길 한 바퀴》, 《목화, 너도나도 입지만 너무나도 몰라요!》 등이 있습니다.

책을 먼저 읽어본 독자들의 한마디

주니처럼 재미있는 발명을 해보고 싶어졌어요. (김소*)

엉뚱하면서도 재밌어요! (한진*)

<팜> 덕분에 코딩 용어가 쉬워졌어요. (진순*)

기발한 상상력에 매료되는 과학 동화였어요. (하정*)

상상 가득한 모험을 따라 가다 보면 어느새
책 읽는 재미와 코딩의 색다른 매력을 느낄 수 있어요. (김나*)

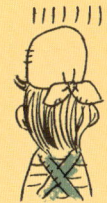